WAS, WENN AFRIK
SPRECHEN KÖNNT

Celso Salles

Celso Salles, Sohn von Manuel Ferreira Salles und Horaide de Sousa Salles, geboren am 28. Mai 1959 in der Stadt Itirapina - SP - Brasilien, verheiratet mit Mírian Amorim Salles im Jahr 1988, Vater von Leandro Amorim Salles (1994) und Lucas Amorim Salles (2000), Abschluss in Wirtschaftswissenschaften - Betriebswirtschaft, ITE - Toledo Institute of Education of Bauru - SP - Brasilien. Spezialisiert auf digitale Plattformen und Projektmanagement, meist im Sozialbereich, lebte 2021 in Luanda - Angola - Afrika, wo er ein weiteres Buch aus der Afrika-Sammlung schrieb.

nachzudenken und zu diesem beizutragen. Neue und wichtige Paradigmen werden aus Afrika selbst gebaut, die die Presse kaum je zu Gesicht bekommt, entweder weil man sie nicht kennt oder weil sie kein Interesse daran hat, sie zu teilen. Afrika ist rückständig und auf Gedanken angewiesen, die ihm nichts helfen, es ist bereits auf dem Weg in eine neue und wichtige Zukunft, die mittel- und langfristig allen Menschen innerhalb und außerhalb Afrikas Lebensqualität bringen wird. Indem wir die Gedanken ändern, ändern wir ihre Geschichte. Afrika kann nicht nur, sondern muss sprechen. Aber sag nicht warum? Was hindert Afrika daran, zu einer Zeit zu sprechen, in der alle Mikrofone eingeschaltet und mit dem World Wide Web verbunden sind?

WICHTIG:
In der Portugiesisch-Deutsch-Version dieses Buches wurde die Translate Google-Technologie verwendet. Verbesserungsvorschläge sowie Fragen senden Sie uns bitte an educasat@hotmail.com

2021

WIDMUNG

Vitão Ferreira ist ein AFRO-BRASILIANISCHER KULTURAKTIVIST von immenser Bedeutung nicht nur in der Welt des Samba, sondern vor allem in dem, was ich den AFRO-BRASILIANISCHEN KULTUR QUILOMBO nennen kann.

Durch die Schaffung des bereits berühmten QUINTAL DA XIKA hat es alten und neuen Samba-Künstlern in Brasilien großartige und wichtige Möglichkeiten geboten.

Wovon Vitão Ferreira nie geträumt hat, ist, dass sein BACKYARD im Osten von São Paulo unvorstellbare Orte besuchen und als Vorbild für Afrikaner und Afro-Nachkommen auf der ganzen Welt dienen würde.

In Brasilien herrscht, wie der Soziologe Tadeu Kaçula sehr treffend sagt, die afrikanische Kultur und ist für Tausende von Arbeitsplätzen verantwortlich, wie auch in diesem Buch zu sehen ist.

Ich wusste, dass das genaue Buch eintreffen würde, um Vitão Ferreira zu widmen. In diesem Buch mit emblematischem Titel, aber mit einfachen und informativen Texten, müssen Vitão Ferreira und QUINTAL DA XIKA unbedingt präsent sein.

Ein Buch, das wie die anderen Bücher der frica Collection, die in fünf Sprachen die Welt bereisen werden – PORTUGIESISCH, ENGLISCH, FRANZÖSISCH, DEUTSCH UND ITALIENISCH – ein weiterer wichtiger Förderer der afrikanischen und afro-stämmigen Kultur sein wird.

Am Ende dieser Widmung folgt der Ruf:

VAI QUINTAL

Vitão Ferreira

BESONDERER DANK

In der besonderen Danksagung zu diesem Buch 10 der frica Collection möchte ich den CLUB DOS MÉDICOS DE ANGOLA würdigen.

CLUB DOS MÉDICOS führt freiwillig eine Reihe von Aktionen im ganzen Land durch. Dies sind Kampagnen zur Gesundheitsförderung und Prävention sowie medizinische Hilfe und Drogenhilfe. Sie sind kostenlos und richten sich an die bedürftigsten Bevölkerungsgruppen, um zur Verringerung von Funktionsstörungen aufgrund von Malaria und anderen endemischen Krankheiten beizutragen. Aktionen, die darauf abzielen, der Bevölkerung den Zugang zu Gesundheitsdiensten zu ermöglichen Die Kampagnen werden von Organisationen wie UNAIDS, WHO und BELIEVERS . unterstützt

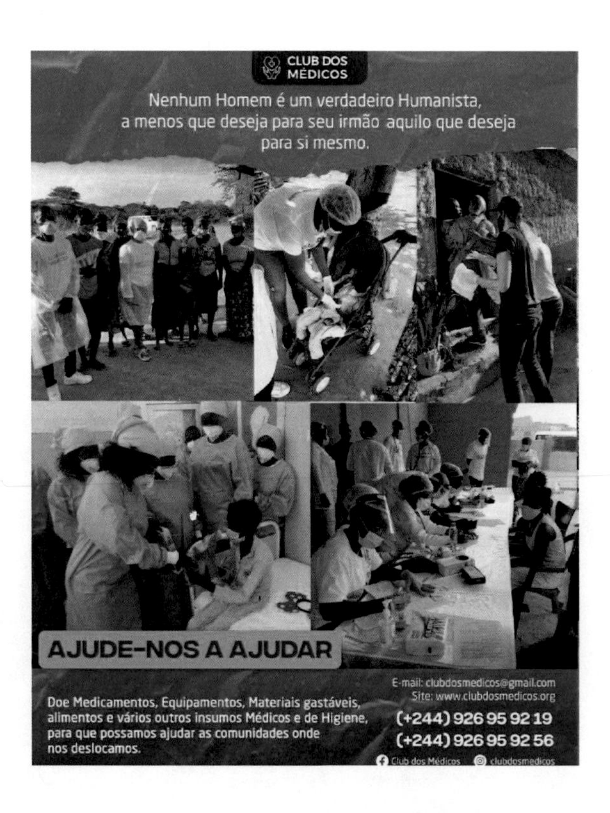

VORWORT

Seit 2011 hatte ich die Möglichkeit, mit dem Autor Celso Salles in zahlreichen Projekten in Angola, meist im sozialen Bereich, zusammenzuarbeiten. Bei der Lektüre Ihres Werkes „WAS, WENN AFRIKA SPRECHEN KÖNNTE?" war ich sehr erfreut über den Detailreichtum, mit dem sich Celso Salles mit der „STIMME VON AFRIKA" auseinandersetzt. Ein Buch, das uns zu einer tiefen Reflexion führt. Spricht Afrika schließlich oder nicht? Als ich den Titel des Buches erhielt, gestehe ich, dass ich sehr neugierig war, zu verstehen, wovon Celso Salles eigentlich sprach. Ist Afrika der Kontinent, Afrikaner, Regierungen? Spricht Afrika schließlich oder nicht? Ich glaube, Sie, die dieses Buch gekauft haben, müssen wie ich sein und sich fragen, was ich hier finden werde?
Nun, ich kann garantieren, dass dies tatsächlich der Celso Salles ist, den ich kenne, der uns immer zum Nachdenken bringt. Bringt uns immer dazu, über uns selbst zu meditieren. Was wir effektiv für den afrikanischen Kontinent tun. Reden wir nur oder tun wir es wirklich?

Als ich mit den Texten der Afrikanischen Union in Berührung kam, die er sehr gut in dieses Buch einfügt, begann ich viele Gewissheiten zu haben und entdeckte, was der Autor wirklich will.

Regiane Silva

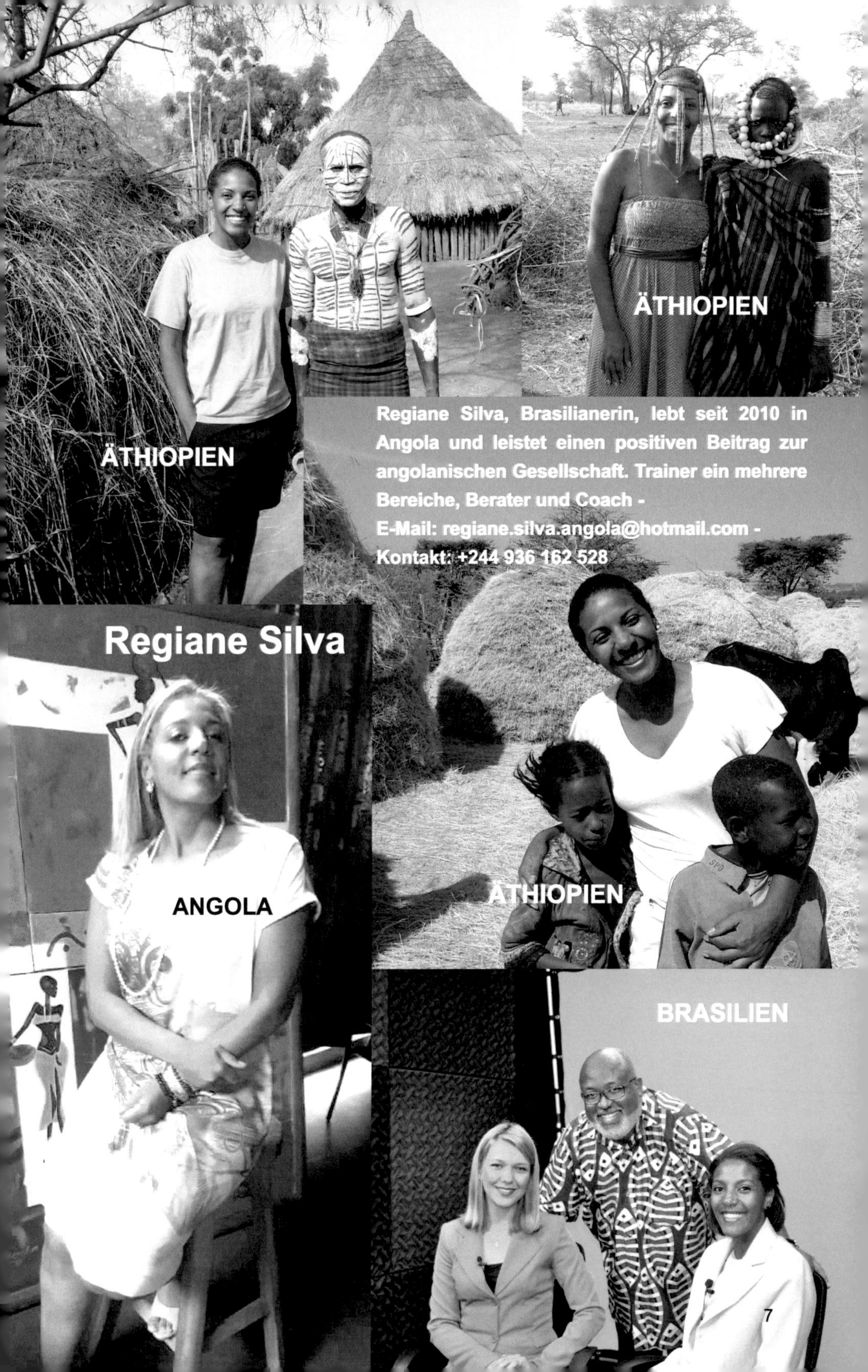
ÄTHIOPIEN
ÄTHIOPIEN
Regiane Silva, Brasilianerin, lebt seit 2010 in Angola und leistet einen positiven Beitrag zur angolanischen Gesellschaft. Trainer ein mehrere Bereiche, Berater und Coach -
E-Mail: regiane.silva.angola@hotmail.com -
Kontakt: +244 936 162 528
Regiane Silva
ANGOLA
ÄTHIOPIEN
BRASILIEN

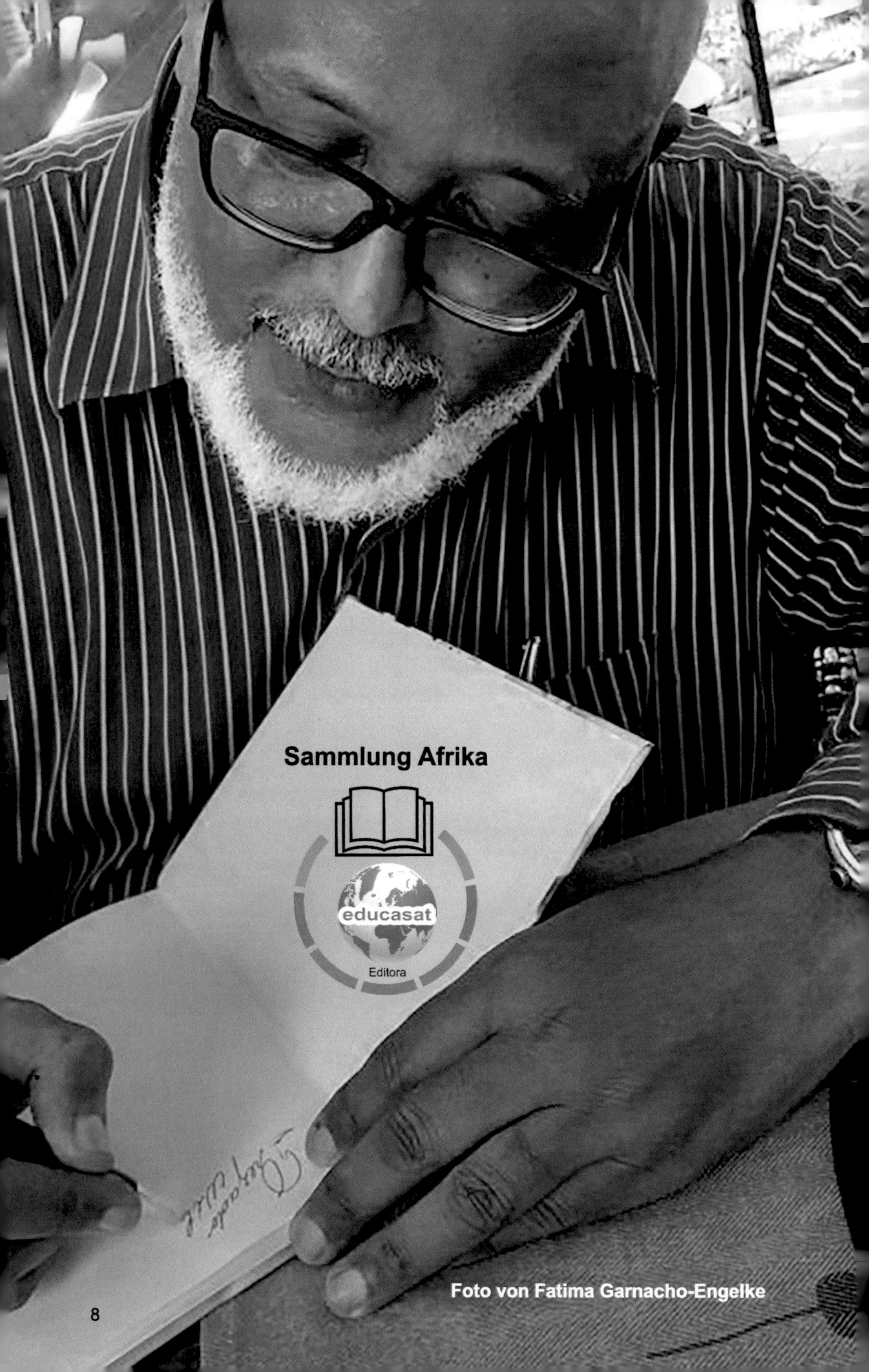

Foto von Fatima Garnacho-Engelke

PRÄSENTATION

Es gibt unzählige Gründe, die Afrika am Ende zum Schweigen bringen. Einer der wichtigsten war das Schweigen der Afrikaner selbst. Sprechen. Kommunizieren Sie Ihre Ideen und Gedanken. Nur wenige sind bereit, die Boten Afrikas zu sein. Was dieses Schweigen am meisten beeinflusst, ist nicht Angst, sondern Faulheit. Und es ist die Faulheit, die gegen die Erschöpfung bekämpft werden muss. Kommen Sie mit Komfort aus der Reihe. Die Google-eigene Suchmaschine hat das digital geschriebene Wort als ihre großartige Suchmaschine. Tragödien, Kriege und Konflikte werden von den Medien schnell und intensiv publik gemacht, was schließlich Bilder von Armut, Hunger und Gewalt schürt, die tatsächlich auf der ganzen Welt, nicht nur in Afrika, verbreitet sind. Ich kann sagen, dass das gleiche mit Muslimen passiert, die immens friedlich sind, aber mit einem Image, das durch die Presseberichterstattung über radikale Gruppen, lokalisierte Konflikte und oft von den Machthabern der Welt initiiert wird, die Hass lieben, weil sie Waffen verkaufen, Regierungen wegnehmen und verhindern, dass Afrika wächst.

Das Böse im Allgemeinen ist viel geschickter in seiner Selbstoffenbarung als das Gute. Alles, was aufbaut oder Wachstum verursacht, ist normalerweise stumm. Im Jahr 2021 können wir Massenlügen als eine weitere schädliche Form der Nachrichtenverbreitung hinzufügen.

Auf der einen Seite die Machthaber, auf der anderen die Lügner. Die Frage ist: Was bleibt für Afrika übrig?

Ich bin mir sicher, dass wir nicht so weitermachen können, wie wir sind. Wir haben festgestellt, dass die Stimme Afrikas, obwohl in geringer Menge, nicht verstärkt wird, selbst wenn die Mikrofone eingeschaltet und mit einem weltweiten Netzwerk verbunden sind.

Um zu bedenken, dass Afrika effektiv spricht, müssen wir eine Reihe von Faktoren analysieren, die gemeinsam bearbeitet werden müssen, damit neue und wichtige Maßnahmen ergriffen werden können, damit die Stimme Afrikas im Allgemeinen in der ganzen Welt gehört wird.

EINLEITUNG

Der Zweck dieses Buches besteht darin, ZU ERWACHEN. Es ist menschlich unmöglich, die Stimme Afrikas in 120 Seiten eines Buches zu fassen. Wir würden Tausende und Abertausende von Bibliotheken brauchen. Daher ist unser Ehrgeiz schlicht und einfach, allen Afrikanern die Augen zu öffnen über die große Bedeutung einer Synergie und Teamarbeit, bei der viele über ihre Realitäten, treibenden und einschränkenden Kräfte sprechen können.

Es gibt Tausende und Abertausende von Kulturen, die nicht mehr wie seit über 4 Jahrhunderten auf das Exil beschränkt werden können. Der Mangel an Wissen über Afrika ist gigantisch. In verschiedenen Teilen der Welt, einschließlich Brasilien, wird Afrika als Land angesehen.

Warum denken Sie nicht, dass Europa ein Land ist? Genau nach der Menge der generierten und geteilten Informationen. Für den Lehrplan Tausender und Abertausender Lehrveranstaltungen und darüber hinaus.

In Buch 5 der Afrika-Sammlung "55 Gründe, in Afrika zu investieren" haben wir die 55 Länder Afrikas genau mit dem Fokus PROGRESSIVE bereist, was First World Blocs tun.

Hier in Angola, wo ich 2011 zum ersten Mal afrikanisches Territorium betrat, gibt es unzählige Investitionsmöglichkeiten, mit einer großen Quelle des Reichtums, einem meist jungen Volk mit enormem Lern- und Arbeitspotenzial.

Wie in Angola sind die Möglichkeiten in den anderen 54 Ländern Afrikas immens. Was wir machen müssen? Damit dieses NEUE AFRIKA in den kommenden Jahren entstehen kann, müssen wir uns, wenn nötig, bis ins Mark zu Wort melden.

TEILEN SIE ALLES GUT.
MULTIPLIZIEREN SIE ZUGANG.

Sehen Sie, ist es gut? TEILEN. Behalte es nicht für dich. Gib es weiter. Erreichen Sie noch mehr Menschen. Wie ich auf den restlichen Seiten dieses Buches zu zeigen versuchen werde, hat AFRIKA, entgegen der landläufigen Meinung, VIEL GESPRÄCHT. Ganz einfach: Vieles von dem, was in Afrika als gut bezeichnet wird, erreicht systematisch kein großes Publikum auf der ganzen Welt. Und dann kommst du rein. Und hier gehe ich. Jeder von uns spielt bei dieser Offenlegung eine äußerst wichtige Rolle.

Seit 2000 durfte ich selbst zahlreiche Aktivitäten entwickeln, die im Laufe der Jahre zu einer größeren und besseren Wahrnehmung Afrikas beigetragen haben.

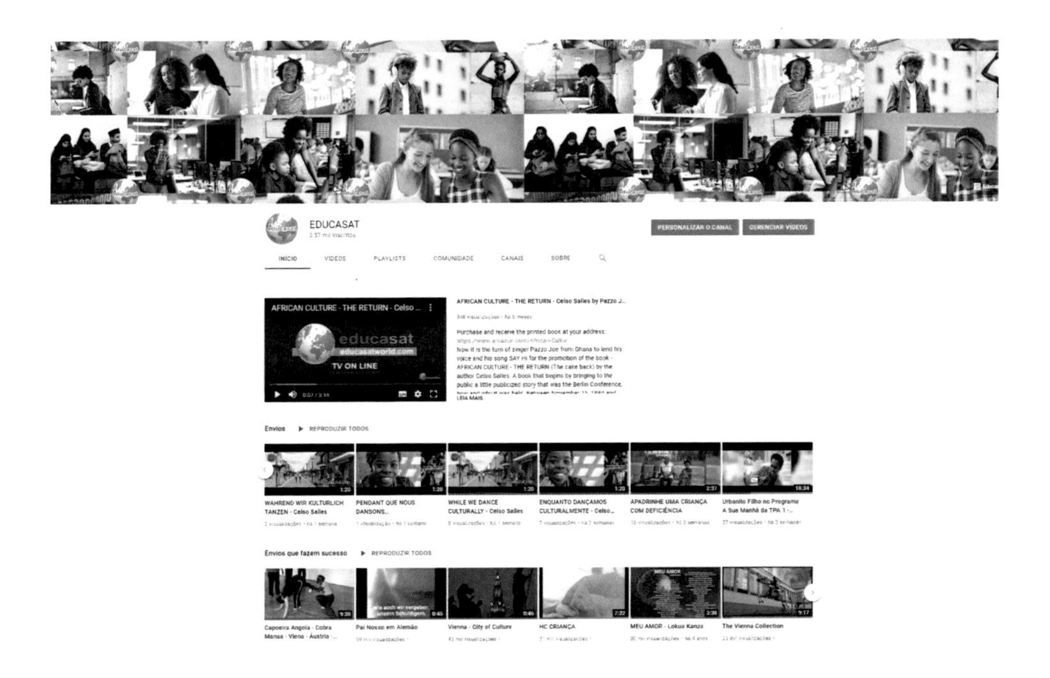

Über den EDUCASAT-Youtube-Kanal, der am 16. Juni 2007 gestartet wurde, habe ich Tausende von Videos aus Afrika in die Welt gebracht, wo ich ohne jede Kampagne zur Gewinnung von Followern am 19. August 2021 1128.451 Aufrufe erreicht habe. ES LIEGT AN MIR, AFRIKA ZUM SPRECHEN ZU BRINGEN. ES LIEGT AUCH BEI IHNEN.

AFRIKA SPRICHT

Levers for Building the Africa We Want

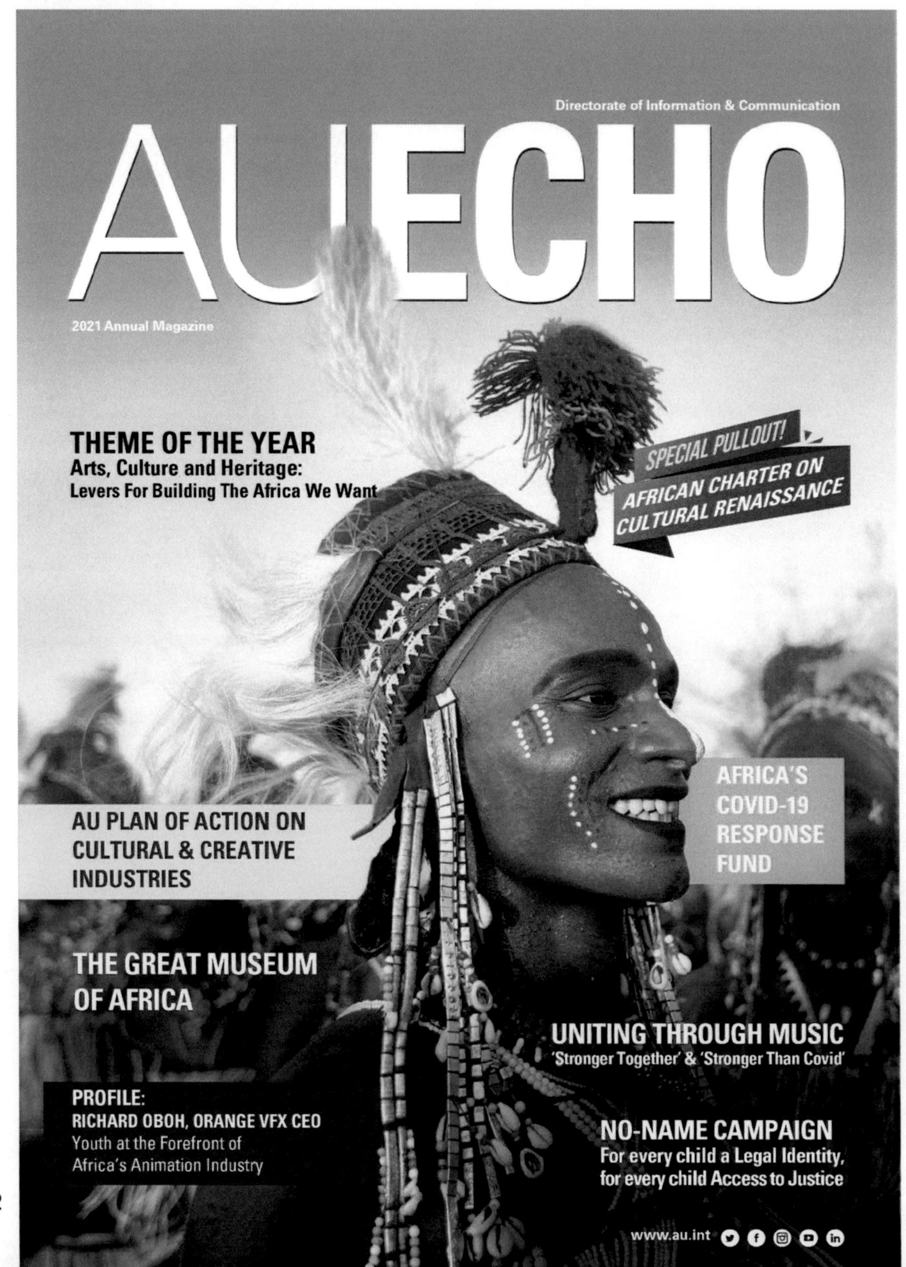

ABER LEIDER KÖNNEN SIE NICHT ZUHÖREN.

Leviers pour construire l'Afrique
que nous voulons

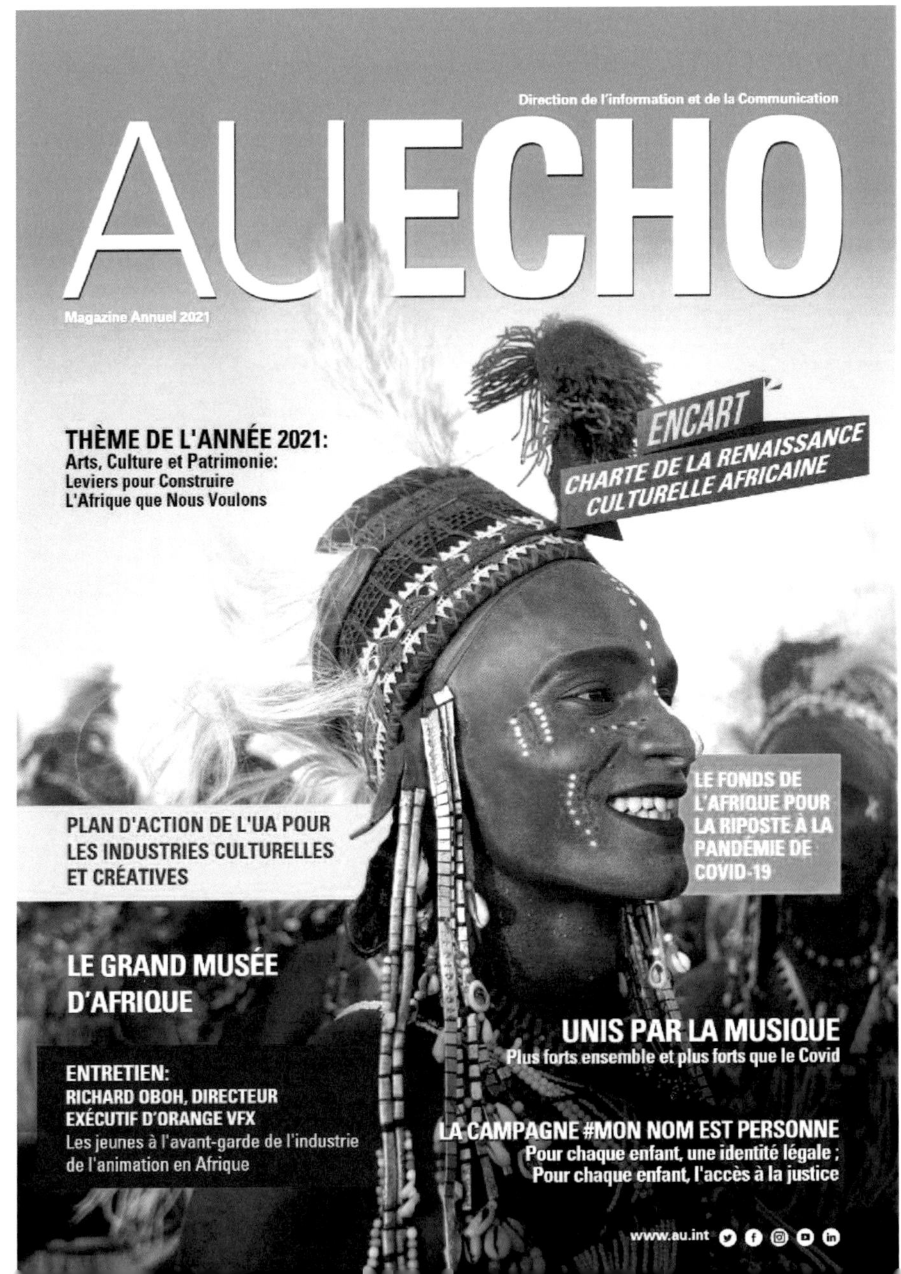

Direction de l'information et de la Communication
AUECHO
Magazine Annuel 2021
ENCART
CHARTE DE LA RENAISSANCE CULTURELLE AFRICAINE
THÈME DE L'ANNÉE 2021:
Arts, Culture et Patrimonie:
Leviers pour Construire
L'Afrique que Nous Voulons
PLAN D'ACTION DE L'UA POUR
LES INDUSTRIES CULTURELLES
ET CRÉATIVES
LE FONDS DE
L'AFRIQUE POUR
LA RIPOSTE À LA
PANDÉMIE DE
COVID-19
LE GRAND MUSÉE
D'AFRIQUE
UNIS PAR LA MUSIQUE
Plus forts ensemble et plus forts que le Covid
ENTRETIEN:
RICHARD OBOH, DIRECTEUR
EXÉCUTIF D'ORANGE VFX
Les jeunes à l'avant-garde de l'industrie
de l'animation en Afrique
LA CAMPAGNE #MON NOM EST PERSONNE
Pour chaque enfant, une identité légale ;
Pour chaque enfant, l'accès à la justice
www.au.int

HÖREN SIE AFRIKA SPRECHEN

Alle Planungen der Afrikanischen Union sind von höchster Kompetenz. Die Verwirklichung der Agenda 2063 in ihrer Gesamtheit erfordert viel Unterstützung von allen Mitgliedsländern und der ganzen Welt. Die falsche Einstellung der Jahrhunderte zu ändern, ist eine immense Herausforderung, die in der Seele eines jeden von uns initiiert werden muss. Den Forderungen Afrikas so kompetent und professionell zuzuhören, ist vor allem unsere Pflicht.

Afrika MUSS MIT UNS ALLEN UNTERSTÜTZUNG WACHSEN UND SICH AUS SICH ENTWICKELN.

Länder mit immensem Reichtum und jungen Arbeitskräften verbinden sich nicht mit Arbeitslosigkeit, Armut und Hunger. Es gibt strukturelle Fehler, die Jahrhunderte zurückreichen, die wir dringend korrigieren müssen.

In der Vergangenheit haben wir uns angeeignet, was uns nicht gehörte. Es ist also an der Zeit, dass wir eine große globale Unterstützungskette für alle Initiativen der Afrikanischen Union in Gang setzen.

Wir im Rest der Welt befinden uns in einer privilegierten Situation, aber wir dürfen nicht vergessen, dass ein Großteil dieses Privilegs mit afrikanischem Blut erreicht wurde. Als Afro-Brasilianer, der trotz meines schwarzen Melanins auch das europäische Blut in meinen Adern hat, muss ich die europäische Seite annehmen und meine Schuld innerhalb dieser Seite ERKANNEN. Aber es reicht nicht zu erkennen, wir müssen ernsthafte Maßnahmen ergreifen, um all den Schaden zu reparieren, den wir dem Wiegenkontinent zugefügt haben.
Vergessen, Ignorieren, so tun, als ob wir nichts wüssten oder es nicht uns gehörte, sind Abläufe, die wir ändern müssen. Wenn es meine

Vorfahren waren, die dem afrikanischen Kontinent all den Schmerz zugefügt haben, ja, es liegt an mir und meinen Nachkommen, bedeutende Veränderungen herbeizuführen, die den ANFANG DES AFRIKANISCHEN KONTINENTS zu seiner vollen und größeren Entwicklung ermöglichen.

Jede denkbare Art von SABOTAGE muss sofort beseitigt werden. Die Afrikanische Union leistet ihren Beitrag. Jetzt müssen wir als Menschen unseren Teil dazu beitragen.

Aus meiner Sicht der Dinge braucht unsere gegenwärtige Menschheit viel von dem, was ich in früheren Büchern die AFRIKANISCHE SEELE genannt habe. Mit ALMA AFRICANA balancieren wir unser Dasein als Mensch.

Seit ich 2011 zum ersten Mal Afrika betreten habe, kann ich auf dem afrikanischen Kontinent vieles von dem spüren, was wir als Menschen in anderen Teilen der Welt bereits verloren haben.

Wir werden kalt, konsumsüchtig, verbittert, traurig, voller Hass und wir setzen Geld als die einzige Quelle des Glücks. Und daher kommen Korruption und große Ungleichheiten.

Wir haben gelebt, als ob das Finanzkapital ein Gott wäre. Und für einen guten Teil der Menschheit ist es das. Für diejenigen, die eine schärfere Vision haben, ist jedoch der Weg der Bitterkeit, den wir gehen, wie die Menschheit klar sieht. Ein echtes Ungleichgewicht, Mensch, Gott und Natur.

Was wir in unseren westlich geprägten Zivilisationen am meisten verlieren, ist das, was ich den FAMILIENKERN nennen kann, der in Afrika so präsent und sichtbar ist, dass er ihn durch einen göttlichen Segen immer noch in seinen Wurzeln und Kulturen erhält. Eine afrikanische Entwicklung ohne den Verlust seiner Traditionen, Bräuche und Kultur ist von grundlegender Bedeutung. Wir müssen den Westen afrikanisieren, anstatt Afrika zu verwestlichen.

Auf den folgenden Seiten werde ich einige wichtige Texte aus meiner Forschungsquelle veröffentlichen, die der Digitalen Plattform der Afrikanischen Union entnommen wurden, da ich sie als die GROSSEN SPRECHER des afrikanischen Kontinents verstehe. Gleichzeitig werde ich einige Standpunkte vorbringen, die ich für von grundlegender Bedeutung halte. Ausgewählte afrikanische Bilder stammen aus dem Jahresmagazin der Afrikanischen Union, das Sie mithilfe des BARCODES in Englisch oder Französisch auf den Seiten 12 und 13 dieses Buches herunterladen können.

au.info

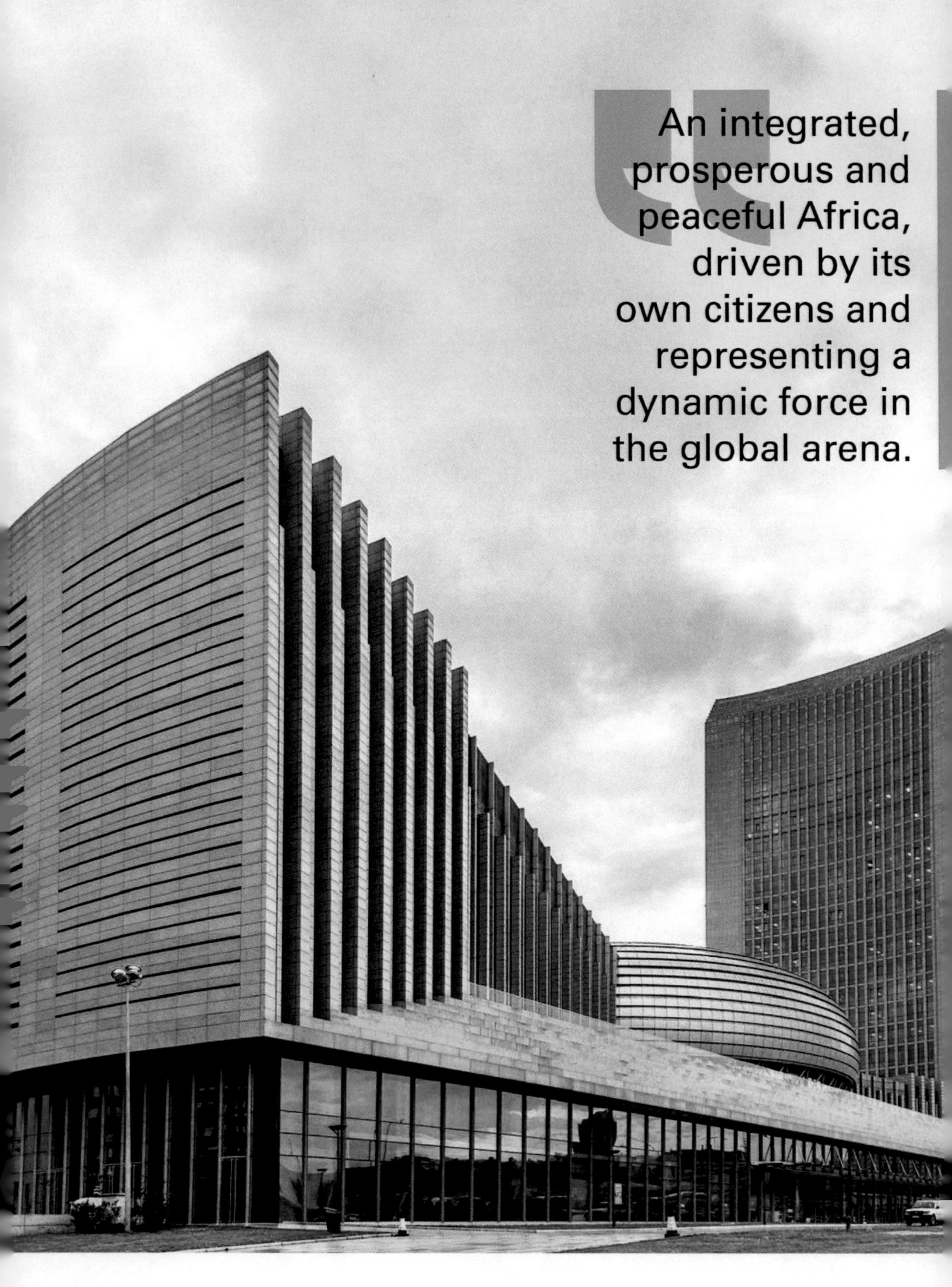
An integrated, prosperous and peaceful Africa, driven by its own citizens and representing a dynamic force in the global arena.

Visafreies Afrika

Ziel 2 der Agenda 2063 sieht „einen integrierten, politisch vereinten Kontinent basierend auf den Idealen des Panafrikanismus und der Vision der afrikanischen Renaissance“ vor und Ziel 5 sieht „ein Afrika mit einer starken kulturellen Identität, einem gemeinsamen Erbe, gemeinsamen Werten und einer gemeinsamen Ethik“ vor "

Um diese Bestrebungen zu erreichen, dass Afrikaner sich als ein Volk sehen, das unter den Idealen des Panafrikanismus vereint ist, müssen die physischen und unsichtbaren Barrieren, die die Integration der afrikanischen Völker behinderten, beseitigt werden.
Das Flaggschiffprojekt der Agenda 2063, der African Passport and the Free Movement of People, zielt darauf ab, Einschränkungen der Reise-, Arbeits- und Lebensmöglichkeiten der Afrikaner auf ihrem eigenen Kontinent zu beseitigen. Die Initiative zielt darauf ab, die afrikanischen Gesetze zu ändern, die trotz politischer Verpflichtungen zum Abriss der Grenzen im Allgemeinen den Personenverkehr einschränken, mit dem Ziel, die Ausstellung von Visa durch die Mitgliedstaaten zu fördern, um die Freizügigkeit aller afrikanischen Bürger in allen afrikanischen Ländern zu verbessern .

Die Freizügigkeit von Menschen in Afrika wird voraussichtlich mehrere wichtige Vorteile bieten, darunter:

• Förderung des innerafrikanischen Handels, Handels und Tourismus;

• Erleichterung der Arbeitskräftemobilität, des innerafrikanischen Wissens- und Kompetenztransfers;

• Förderung der panafrikanischen Identität, der sozialen Integration und des Tourismus;

• Verbesserung der grenzüberschreitenden Infrastruktur und gemeinsamen Entwicklung;

• Förderung eines umfassenden Ansatzes für das Grenzmanagement;

• Förderung der Rechtsstaatlichkeit, der Menschenrechte und der öffentlichen Gesundheit.

Das Ministerium für Politische Angelegenheiten leitet die Integrationsbemühungen der Afrikanischen Union hinsichtlich der Fähigkeit der Afrikaner, auf dem Kontinent zu leben und zu arbeiten, und arbeitet mit den Mitgliedstaaten zusammen, um Möglichkeiten zur Beseitigung von Hindernissen für die Bewegung von Afrikanern in Afrika zu ermitteln.
Ich liebe besonders die Idee eines afrikanischen Passes und die freie Durchreise von Afrikanern in Afrika, wie es zum Beispiel auf dem europäischen Kontinent geschieht.
Ich würde gerne leben, um dies zu sehen. Es wäre fast, als würde man in der Zeit zurückreisen und fühlen, was unsere jüngeren Generationen nicht fühlen konnten: EIN AFRIKA.
Damit ein bestimmtes Land wachsen kann, ist es notwendig, dass alle Menschen, die Menschen im Allgemeinen, dem Land Vorrang geben und nicht ihren eigenen Prioritäten. Dabei entwickelt sich das Land ganz oder meistens, ohne Angst vor Fehlern zu haben.
Das gleiche passiert mit einem Kontinent. Alle Länder denken über den Kontinent nach, er wird wachsen und sich entwickeln.

Dann können wir denken:
1. - Persönliche Entwicklung;
2. - Nationale kollektive Entwicklung;
3. - Kontinentale kollektive Entwicklung.

Die Basis für diese Entwicklungen ist BILDUNG. Genau deshalb lautet die Agenda 2063, nicht 2023, nicht 2033. Es ist notwendig, eine ganze Reihe von Errungenschaften innerhalb des von der Agenda 2063 vorgeschlagenen Verbunds zu berücksichtigen, damit dieser so erträumte Tag kommen kann.
Da ich auf dem afrikanischen Kontinent bin, habe ich, während ich dieses Buch 10 der Afrika-Sammlung schreibe, das Gefühl, dass selbst die Afrikanische Union der großen Masse noch nicht bekannt ist, geschweige denn die Agenda 2063 oder sogar dieses wunderbare visumfreie Afrika-Programm.
Grundsätzlich sind alle Maßnahmen, die auf wesentliche Veränderungen abzielen, die den besonderen Interessen von Menschen, Nationen oder Kontinenten zuwiderlaufen, nie nachweisbar.
Es ist jedoch WUNDERBAR, DEN AFRIKANISCHEN KONTINENT mit dieser neuen Aufführung BILD ZU BILDEN. Absolut alles in Afrika ist dynamisch. Dieses NEUE AFRIKA 2063 kommt der Wirtschaft des Kontinents auf gesunde und nachhaltige Weise zugute. Alle Wirtschaftszweige werden gefördert. Die Zahl der Investoren auf der ganzen Welt, die Afrika Priorität einräumen, wird ebenfalls in die Höhe schnellen.
Zurück zur GEDANKEN-Ebene müssen wir die Idee eliminieren, dass "wenn einer gewinnt, der andere verliert". Wir können ganz anders denken, zum Beispiel „Wenn einer gewinnt, gewinnt der andere noch mehr“. Durch die weitere Entwicklung Afrikas werden wichtige neue Verbrauchermärkte entstehen. Jeder möchte ein High-End-iPhone, aber der Preis schränkt viele Benutzer ein. Wenn ich die Bedingungen für die Anwender verbessere, werde ich neue und wichtige Märkte bedienen, die verschiedene Industrien weltweit aufheizen werden, insbesondere wenn diese Industrien auf dem afrikanischen Kontinent angesiedelt sind. STOPPEN - DENKEN - REFLEKTIEREN.

ARTS, CULTURE AND HERITAGE:
Levers for Building the Africa we Want

Migration, Arbeit und Beschäftigung

Im Laufe seiner Geschichte hat Afrika sowohl freiwillige als auch erzwungene Migrationsbewegungen erlebt, die zu seiner heutigen demografischen Landschaft beigetragen haben. In vielen Teilen des Kontinents verteilen sich die Gemeinschaften auf zwei oder drei Nationalstaaten und die Bewegungsfreiheit wird oft nicht durch politische Grenzen eingeschränkt. Migration in Afrika ist auf eine Vielzahl von Faktoren zurückzuführen, darunter die Notwendigkeit besserer sozioökonomischer Bedingungen durch Beschäftigung, Umweltfaktoren sowie die Linderung von politischer Instabilität, Konflikten und Bürgerkriegen. Afrika erlebt auch Verschiebungen der Migrationsmuster, die sich in der Feminisierung der Migration widerspiegeln; eine Zunahme der Zahl junger Menschen auf der Durchreise und eine Zunahme irregulärer Migrationsströme, zu denen auch Menschenhandel und Migrantenschleusung gehören.

Die wirtschaftliche Integration ist ein wichtiger Entwicklungspfad und erfordert Arbeitskräftemobilität und andere Formen des wirtschaftlichen Engagements, die die Freizügigkeit von Menschen erfordern, und die Afrikanische Union ist der Ansicht, dass bei einer kohärenten Steuerung die Hauptfaktoren für die Migration auf dem Kontinent sind können Nationen und Regionen die Vorteile der Verbindungen zwischen Migration und Entwicklung nutzen, wenn der Kontinent bestrebt ist, die Ideale der Agenda 2063 zu erreichen.

Der Migrationspolitische Rahmen der Afrikanischen Union für Afrika MPFA ist einer der kontinentalen Rahmen, der entwickelt wurde, um es Afrika zu ermöglichen, geplante Migration besser zu bewältigen und davon zu profitieren, und bietet den Mitgliedstaaten und den RECs strategische Leitlinien für das Migrationsmanagement durch die Formulierung und Umsetzung eigener nationaler und regionale Migrationspolitik nach ihren Prioritäten und Ressourcen. Die MPFA bietet Leitlinien in mehreren Schlüsselbereichen, darunter:

Migrationsgovernance
Arbeitsmigration und Bildung
Engagement in der Diaspora
Grenzverwaltung;
Irreguläre Migration;
Zwangsverschiebung;
Binnenmigration;
Migration und Handel;
Das Department of Social Affairs fördert die Arbeit der AU im Bereich Migration, Arbeit und Beschäftigung und das Department of Political Affairs arbeitet mit den Mitgliedstaaten an der Umsetzung des AU-Protokolls über Personenfreizügigkeit, Aufenthaltsrecht und Niederlassungsrecht.

Ich hatte die Gelegenheit zu beobachten, dass es auf dem afrikanischen Territorium keinen Mangel an Talenten gibt. Die derzeit größte Schwierigkeit ist aus meiner Sicht das MANAGEMENT DIESER TALENTE. Während dieser Zeit, in der ich mich auf angolanischem Territorium befinde, hatte ich die Möglichkeit, in mehreren Stadtteilen von Luanda, der Hauptstadt Angolas, zu bleiben. Einer der Orte, die ich viel gelernt habe und in denen ich gerne bleibe, ist in der Nachbarschaft namens Martyrs of Kifangondo, wo die meisten Bewohner aus den Ländern der Westküste Afrikas kommen, nämlich Gambia, Senegal, Elfenbeinküste, Ghana , Mali, Togo, zwischen anderen. In diesem mehrheitlich muslimischen Viertel werde ich von Jugendlichen, Erwachsenen und vor allem Kindern sehr gut behandelt. Sie nennen mich BRAZUCA. Ich fühle die Freude und Ehre, die sie empfinden, einen BRAZUCA (Brasilianer) in der Nachbarschaft zu haben, in der sie die Mehrheit sind. Ich wohne in der Nähe einer großen senegalesischen Moschee.
Insbesondere Angola ist den anderen Völkern Afrikas, die hier leben, sehr willkommen und sie tragen viel zum Handel und zu den Dienstleistungen im Allgemeinen bei. In der Nähe befindet sich ein weiteres sehr wichtiges Viertel, in dem die Mehrheit kongolesisch ist. Wenn Sie beispielsweise ein Problem mit einem Telefon haben, spielt die Marke keine Rolle, hier wird es gelöst.

Als ich hier ankam, waren sie schon da. Sie sind friedlich, ordentlich und sehr liebevoll. Ganz anders als das stereotype Bild, das von der westlichen Presse verkauft wird.

Tief im Inneren fühlen sie sich zu Hause. Und sie sind wirklich zu Hause.

Auch wenn ich auf der anderen Seite des Ozeans geboren wurde, fühle ich mich zu Hause. Die Presse ist damit beschäftigt, vereinzelte Fälle von Fremdenfeindlichkeit zu zeigen, was den Eindruck erweckt, dass dieses Thema Migration, Arbeit und Beschäftigung etwas Unmögliches ist. Tatsächlich kann ich sagen, dass es bereits existiert und in einem großen Teil des afrikanischen Territoriums die Harmonie und der Frieden zwischen den Völkern verschiedener Länder real sind. Die Afrikaner helfen einander sehr und respektieren sich gegenseitig.

CULTURE DOES NOT MAKE PEOPLE. PEOPLE MAKE CULTURE.

Chimamanda Ngozi Adichie

ARTS, CULTURE AND HERITAGE:
Levers for Building the Africa we Want

#AfricanHeritage
www.au.int

Diaspora und zivilgesellschaftliches Engagement

Das Directorate of Citizens and Diaspora Organizations (CIDO) ist verantwortlich für die Umsetzung der Vision der Afrikanischen Union einer menschenorientierten Organisation, die auf Partnerschaften zwischen Regierungen, Zivilgesellschaft und Diaspora basiert. Die Leitung besteht aus den Divisionen Zivilgesellschaft und Diaspora.
Die Abteilung Zivilgesellschaft ist dafür verantwortlich, das Engagement der Zivilgesellschaft in die Prozesse, Abteilungen und Gremien der Afrikanischen Union zu integrieren. Im Bereich Migration und Entwicklung baut CIDO durch die Teilung der Diaspora eine globale afrikanische Familie auf und sichert so die Beteiligung der afrikanischen Diaspora an der Integrations- und Entwicklungsagenda des Kontinents.
Artikel 3 des Protokolls zur Änderung der Gründungsakte der Afrikanischen Union erkennt die wichtige Rolle an, die die afrikanische Diaspora bei der Entwicklung des Kontinents spielen muss, und erklärt, dass die Union „die volle Beteiligung der afrikanischen Diaspora als ein wichtiger Teil unseres Kontinents, beim Aufbau der Afrikanischen Union. ”

„Die afrikanische Diaspora besteht aus Völkern afrikanischer Herkunft, die unabhängig von ihrer Staatsbürgerschaft und Nationalität außerhalb des Kontinents leben und bereit sind, zur Entwicklung des Kontinents und zum Aufbau der Afrikanischen Union beizutragen.“

CIDO-Ergebnisbereiche

CIDO trägt im Rahmen der Agenda 2063 direkt zu zehn Ergebnisbereichen bei:

- Aufbau von Strukturen zur Konfliktlösung durch interreligiösen Dialog;
- Das Vermächtnisprojekt des afrikanischen Diaspora-Freiwilligenkorps;
- Global Market Legacy Projekt der afrikanischen Diaspora;

- Legacy-Projekt eines Investitionsfonds für die afrikanische Diaspora;
- Beteiligung der afrikanischen Diaspora an den Aktivitäten der Afrikanischen Union;
- Enzyklopädie Africana;
- Erfassung von Studiendaten und Kartierung der afrikanischen Diaspora;
- Interkontinentale Partnerschaftsstrategien;
- Interkontinentale interreligiöse Plattform;
- Datenblatt

Kontaktinformationen:
Website: www.au.int/cido
E-Mail: cido@africa-union.org
Facebook und Twitter: @AUC_CIDO
Podcast: AU unterwegs

Dieses wichtige Thema der AFRICAN UNION ist entscheidend, um das Wachstum des afrikanischen Kontinents zu beschleunigen.

Als Afro-Brasilianer, das Land mit der größten Bevölkerung von Afro-Nachkommen außerhalb Afrikas, mit etwa 114 Millionen Einwohnern, etwa 60 % der brasilianischen Bevölkerung, kenne ich die Bedeutung meiner Rolle und der Aktionen, die in den 12 Büchern gipfelten der Afrika-Sammlung.

Wer das Privileg hat, alle Bücher der Sammlung África des Autors Celso Salles zu lesen, wird sehen, dass die prosperierende Zukunft des afrikanischen Kontinents im Mittelpunkt steht.

In dem Buch NEW BRAZILIAN AFRICA habe ich schließlich über NEW NORTH AFRICA AMERICAN, ENGLISH, FRANZÖSISCH, BELGIAN UND BRITISH gesprochen, weil ich glaube, dass wir mit dieser GLOBAL AFRICAN FAMILY viele der in der Agenda 2063 vorgesehenen Themen beschleunigen können.

Pessimisten stellen sich, wenn sie auf die Agenda 2063 zugreifen, eine noch längere Zeit ein, um die Ziele der Agenda zu erreichen. Insbesondere ich, da ich am Leben bleiben und über dieses NEUNTE

WELTWUNDER nachdenken möchte, bin sehr optimistisch und sehe, dass wir mit der GLOBAL AFRICAN FAMILY in der Lage sein werden, die Agenda Warum nicht AGENDA 2043 vorwegzunehmen?

Tatsächlich liegt alles in unseren Händen. Die Kraft zur Veränderung liegt bei uns.

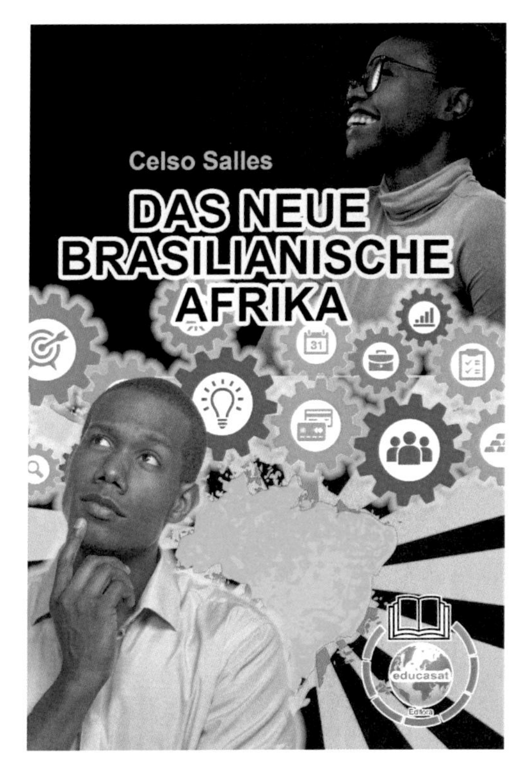

"ART DEFIES DEFEAT BY ITS VERY EXISTENCE, REPRESENTING THE CELEBRATION OF LIFE, IN SPITE OF ALL ATTEMPTS TO DEGRADE AND DESTROY IT.

Nadine Gordimer

ARTS, CULTURE AND HERITAGE:
Levers for Building the Africa we Want

#AfricanHeritage
www.au.int

Demokratie, Recht und Menschenrechte

Die Agenda 2063 sieht einen Kontinent vor, auf dem es eine universelle Kultur der guten Regierungsführung, demokratischer Werte, der Gleichstellung der Geschlechter und der Achtung der Menschenrechte, der Gerechtigkeit und der Rechtsstaatlichkeit gibt. Die Afrikanische Union arbeitet mit den Mitgliedstaaten zusammen, um Strategien zu entwickeln und umzusetzen, die darauf abzielen, starke, gut geführte Institutionen aufzubauen und Gesetze zu erlassen, die sicherstellen, dass afrikanische Bürger vollständig eingebunden und in die Formulierung von Entwicklungspolitiken und -initiativen einbezogen werden und dass diese Bürger ein Umfeld haben . sicher und geschützt zu leben.

Die Afrikanische Union sorgte für die Umsetzung verschiedener Verträge und Politiken, um eine gute Regierungsführung sowie den Schutz der bürgerlichen Freiheiten und die Wahrung der Rechte der afrikanischen Bürger sicherzustellen. Zu den Verträgen der Afrikanischen Union über die Rechte der Menschen gehören die Afrikanische Charta über die Rechte und das Wohlergehen des Kindes, die Afrikanische Charta über die Rechte der Menschen und der Völker, das Protokoll zur Afrikanischen Charta über die Rechte der Frauen und der Völker über die Rechte von Frauen in Afrika, African Youth African Unionscharta und Konvention zum Schutz und zur Unterstützung von Binnenvertriebenen in Afrika.

Justiz-, Menschenrechts- und Rechtsorgane der Afrikanischen Union wurden eingerichtet, um die Umsetzung einer verantwortungsvollen Staatsführung und die Achtung der Menschenrechte auf dem Kontinent zu unterstützen. Dazu gehören die Afrikanische Kommission für Menschenrechte und die Rechte der Völker (ACHPR), der Afrikanische Gerichtshof für Menschenrechte und die Rechte der Völker (AfCHPR), die AU-Kommission für Völkerrecht (AUCIL), der AU-Beirat für Korruption (AUABC) und der Afrikanische Expertenausschuss über die Rechte und das Wohl des Kindes (ACERWC)

Die Hauptabteilung Politische Angelegenheiten ist dafür verantwortlich, demokratische Prinzipien und Rechtsstaatlichkeit, die Achtung der

Menschenrechte, die Beteiligung der Zivilgesellschaft am Entwicklungsprozess des Kontinents zu fördern, zu erleichtern, zu koordinieren und zu fördern und dauerhafte Lösungen zur Bewältigung der humanitären Krisen zu finden. Die Abteilung koordiniert auch die Umsetzung der African Governance Architecture sowie die Umsetzung

EINZELNER AFRIKANISCHER LUFTVERKEHRSMARKT

ABTEILUNG FÜR POLITISCHE ANGELEGENHEITEN

nachhaltiger Lösungen für humanitäre und politische Krisen, einschließlich präventiver Diplomatie.

Durch die Lektüre dieser Informationen können Sie sich ein genaues Bild davon machen, wie sehr sich der afrikanische Kontinent in den letzten Jahren entwickelt hat und wie sehr er sich entwickeln wird, insbesondere im Hinblick auf die technische Qualität seiner Herrscher.

Wie Sie bereits sehen, hat Afrika viel geredet und wer die Vision hat, ihm zuzuhören, wird sicherlich unzählige Partnerschaften aufbauen können. Die berühmte Linie AFRIKA IST DER KONTINENT DER ZUKUNFT ist weit verbreitet und kann in AFRIKA IST DER KONTINENT DER GEGENWART UND DER ZUKUNFT geändert werden.
Und vor allem ist AFRIKA FÜR AFRIKANER und kein Afrika, das ich verstehen kann, für meine Zukunft. Es ist für die Zukunft der gesamten Menschheit, aber immer daran denken, dass AFRIKA FÜR AFRIKANER IST.
Alle internationalen Politiken, die diese neue Leistung visualisieren, werden sehr willkommen sein und einen starken Widerhall vom Kontinent haben.
Diejenigen, die noch im Herrschaftsbereich oder der Usurpation verbleiben, werden mit Sicherheit eliminiert, da die Arbeit in BLOCK ein solches Verhalten nicht akzeptiert. Isoliert jedes Land auf der Welt hat viele Schwächen, aber in der BLOCO AFRICAN UNION werden individuelle Schwächen durch die Stärke des DENKEN UND HANDELN SET ersetzt.
Als Autor muss ich mich auf WERBUNG, PROGNOSE konzentrieren und als Forscher muss ich immer mehr meine eigene Vision pflegen, damit THE VOICE OF AFRICA auf jede erdenkliche Weise richtig verstärkt werden kann.
Versuchen Sie beim Lesen dieses Buches, sich in Ihren Forschungen und Visionen weiterzuentwickeln. Lassen Sie sich nicht von der internationalen Presse in Geiselhaft nehmen, die, oft durch Interessen finanziert, auf der Verbreitung einzigartiger Wahrheiten besteht, die nicht mehr den aktuellen und zukünftigen Rahmenbedingungen entsprechen.

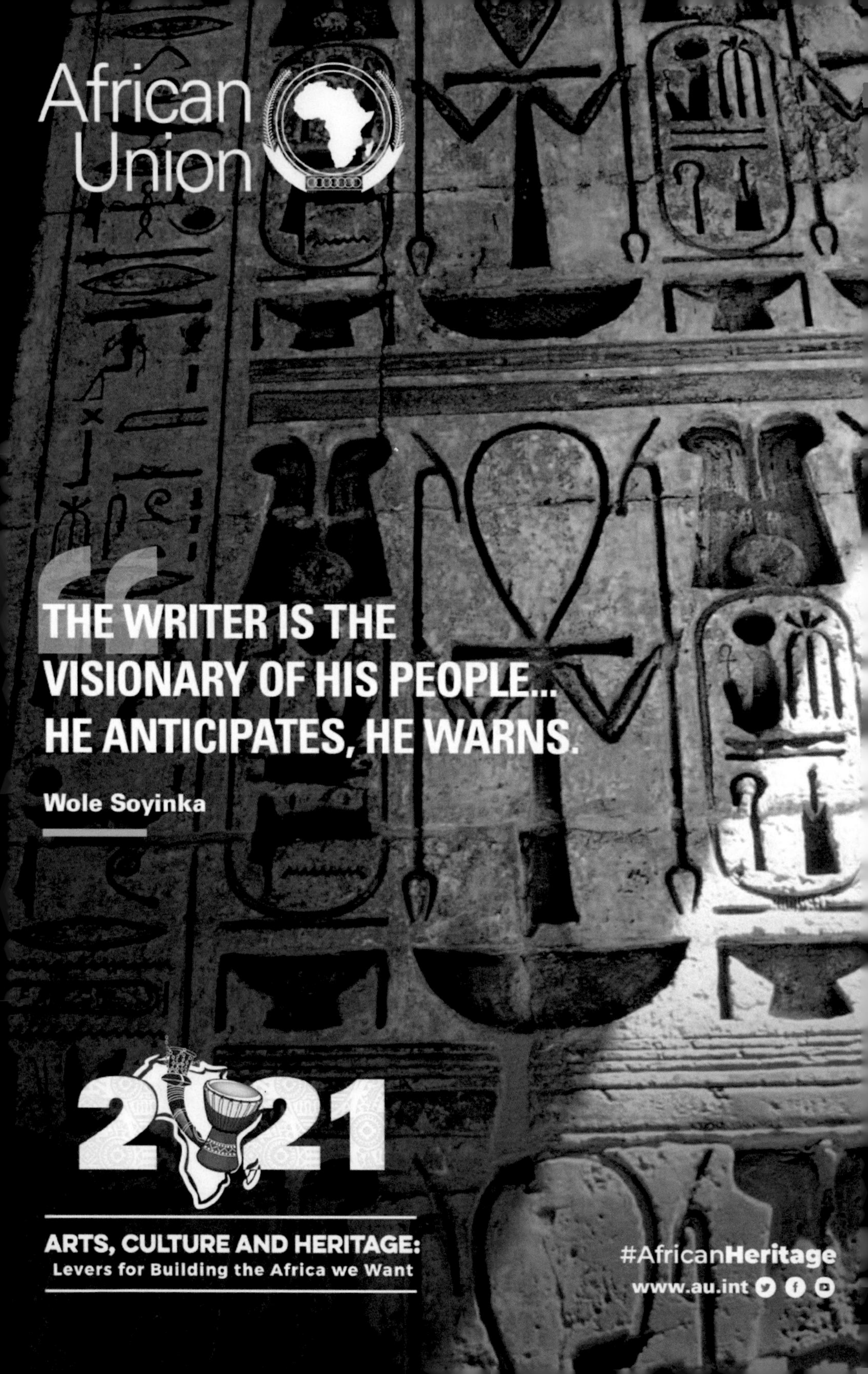
African Union
THE WRITER IS THE VISIONARY OF HIS PEOPLE... HE ANTICIPATES, HE WARNS.
Wole Soyinka
2021
ARTS, CULTURE AND HERITAGE:
Levers for Building the Africa we Want
#AfricanHeritage
www.au.int

Bildung, Wissenschaft und Technologie

Die Verwirklichung des Ziels 1 der Agenda 2063 für „Ein wohlhabendes Afrika auf der Grundlage von integrativem Wachstum und nachhaltiger Entwicklung“ erfordert, dass Afrika erhebliche Investitionen in Bildung tätigt, mit dem Ziel, Human- und Sozialkapital durch eine Revolution in Bildung und Kompetenzen zu entwickeln, wobei der Schwerpunkt auf Innovation und Wissenschaft liegt und Technologie.

Die Kontinentale Bildungsstrategie der Afrikanischen Union für Afrika (CESA) zielt darauf ab, Afrikas Bildungs- und Ausbildungssysteme neu auszurichten, um das Wissen, die Fähigkeiten, die Fähigkeiten, die Innovation und die Kreativität zu vermitteln, die erforderlich sind, um afrikanische Grundwerte zu pflegen und eine nachhaltige Entwicklung auf nationaler, subregionaler und kontinental. Die Hauptziele von CESA sind:

- den Lehrerberuf neu zu beleben, um Qualität und Relevanz auf allen Ebenen zu gewährleisten;
- Erweiterung des Zugangs zu hochwertiger Bildung durch den Aufbau, die Sanierung und den Erhalt der Bildungsinfrastruktur und die Entwicklung von Strategien, die ein dauerhaftes, gesundes und unterstützendes Lernumfeld in allen Teilsektoren gewährleisten;
- Nutzung der IKT-Kapazitäten zur Verbesserung des Zugangs, der Qualität und des Managements von Bildungs- und Ausbildungssystemen;
- Gewährleistung des Erwerbs der erforderlichen Kenntnisse und Fähigkeiten sowie verbesserter Abschlussquoten auf allen Ebenen und Gruppen durch Harmonisierungsprozesse auf allen Ebenen für die nationale und regionale Integration;
- Beschleunigung der Prozesse, die zu Geschlechterparität und Gleichberechtigung führen;
- umfassende und wirksame Alphabetisierungskampagnen auf dem

ganzen Kontinent starten, um den Analphabetismus auszurotten;
- Stärkung der Lehrpläne für Naturwissenschaften und Mathematik und Verbreitung wissenschaftlicher Erkenntnisse und Wissenschaftskultur in der afrikanischen Gesellschaft;
- Ausbau der Berufsbildungsmöglichkeiten im Sekundar- und Tertiärbereich und Stärkung der Verbindungen zwischen der Arbeitswelt und den Bildungs- und Ausbildungssystemen;
- die Hochschulbildung, Forschung und Innovation zu revitalisieren und auszubauen, um den kontinentalen Herausforderungen zu begegnen und die globale Wettbewerbsfähigkeit zu fördern;
- Förderung der Bildung für Frieden und Konfliktprävention und -lösung auf allen Bildungsebenen und für alle Altersgruppen;
- Aufbau und Verbesserung der Kapazitäten zum Sammeln, Verwalten, Analysieren und Kommunizieren von Daten und zur Verbesserung der Verwaltung des Bildungssystems sowie des statistischen Instruments durch Schulungen für die Erhebung, Verwaltung, Analyse, Kommunikation und Nutzung von Daten;
- Bildung einer Koalition aller Bildungsakteure, um Initiativen, die sich aus der Umsetzung von CESA ergeben, zu erleichtern und zu unterstützen.Die Wissenschafts-, Technologie- und Innovationsstrategie der Afrikanischen Union für Afrika (STISA) stellt Wissenschaft, Technologie und Innovation in den Mittelpunkt des sozioökonomischen Wachstums und der Entwicklung Afrikas und betont die Auswirkungen, die Wissenschaft auf kritische Sektoren wie Landwirtschaft, Energie, Umwelt, Gesundheit und Infrastruktur haben kann Entwicklung, Bergbau, Sicherheit und Wasser, unter anderem. Die Strategie sieht ein Afrika vor, dessen Transformation durch Innovation vorangetrieben wird und das eine wissensbasierte Wirtschaft schaffen wird. STISA ist in sechs (6) vorrangigen Bereichen verankert, nämlich:

1 - Beseitigung des Hungers und Erreichung der Ernährungssicherheit;
2 - Krankheitsprävention und -kontrolle;
3 - Kommunikation (physische und intellektuelle Mobilität);
4- Schutz unseres Raumes;
5 - In Frieden und Harmonie zusammenleben, um die Gesellschaft aufzubauen;

6 - Vermögensaufbau.

Die STISA-Strategie definiert auch vier sich gegenseitig verstärkende Säulen, die Voraussetzung für ihren Erfolg sind: Bau und/oder Modernisierung von Forschungsinfrastrukturen; Erhöhung der beruflichen und technischen Fähigkeiten; Förderung von Unternehmertum und Innovation; und schaffen ein förderliches Umfeld für die Entwicklung von Wissenschaft, Technologie und Innovation (STI) auf dem afrikanischen Kontinent.

Die Continental TVET Strategy bietet einen umfassenden Rahmen für die Formulierung und Entwicklung nationaler Politiken und Strategien zur Bewältigung der Herausforderungen der allgemeinen und beruflichen Bildung, um die wirtschaftliche Entwicklung zu unterstützen, nationalen Wohlstand zu schaffen und durch junges Unternehmertum, Innovation und Beschäftigung zur Armutsbekämpfung beizutragen.

Die Afrikanische Union arbeitet auch mit den Mitgliedstaaten zusammen, um Hochschulbildung und Forschung in Afrika aufzubauen, das durch das geringe Niveau der postgradualen Ausbildungsmöglichkeiten und Forschungsergebnisse herausgefordert wird. Das Projekt Agenda 2063 für die African Virtual University und E-University zielt darauf ab, mit IKT-basierten Programmen den Zugang zu Hochschul- und Weiterbildung in Afrika zu verbessern und eine große Anzahl von Studierenden und Fachkräften an mehreren Standorten gleichzeitig zu erreichen. Es zielt darauf ab, relevante, hochwertige Open-, Distance- und eLearning-Ressourcen (ODeL) zu entwickeln, um Studierenden jederzeit und von überall auf der Welt einen garantierten Zugang zur Universität zu ermöglichen.

Die Pan African University (PAU) ist die erste von der Afrikanischen Union gegründete Universität und wurde als Standard für alle anderen Universitäten in Afrika gegründet. Die Mission der PAU besteht darin, die afrikanische Hochschulbildung und Forschung zu stärken, die Bildungsqualität, die innerafrikanische Zusammenarbeit und Innovation zu verbessern und Verbindungen zur Industrie und zum sozialen Sektor herzustellen. PAU konzentriert sich auf fünf Themenbereiche: - Grundlagenwissenschaften, Technologie und Innovation; Bio- und

Geowissenschaften (einschließlich Gesundheit und Landwirtschaft), Governance, Geistes- und Sozialwissenschaften; Energie- und Wasserwissenschaften (einschließlich Klimawandel); und Weltraumwissenschaften. Die thematischen Bereiche sind den Instituten von Exzellenzuniversitäten in den geografischen Regionen Afrikas wie folgt zugeordnet:

1) Ostafrika: PAU Institute of Basic Sciences, Technology and Innovation (PAUSI) an der Jomo Kenyatta University of Agriculture and Technology, Nairobi, Kenia;

2) Nordafrika: PAU Institute for Water and Energy Sciences (incl. Klimawandel) (PAUWES) an der AbouBekrBelkaid University in Tlemcen, Algerien;

3) Westafrika: PAU Institute of Earth and Life Sciences (inklusive Gesundheit und Landwirtschaft) (PAULESI) an der University of Ibadan, Nigeria;

4) Zentralafrika: PAU Institute of Governance, Humanities and Social Sciences (PAUGHSS) an der Universität Yaoundé II und an der Universität Buea, Kamerun. Die Studienrichtungen Governance und Regionale Integration werden auf dem Campus der Universität Yaounde II-Soa und die Studiengänge Übersetzen und Dolmetschen an der Universität Buea gelehrt.

Das Academic Mobility Scheme in Africa ist eine Initiative der AUC in Zusammenarbeit mit der Exekutivagentur der Europäischen Kommission, die die Mobilität von Studierenden und akademischem Personal erleichtert, um die Anerkennung von Qualifikationen und die Zusammenarbeit zwischen Hochschuleinrichtungen in verschiedenen Ländern und Regionen zu verbessern des Kontinents. Es vergibt Teil- (Kurzzeit-) und Vollstipendien für Master sowie Promotionsprogramme.

Der Weltraum ist für die Entwicklung Afrikas in allen Bereichen von entscheidender Bedeutung: Landwirtschaft, Katastrophenmanagement, Fernerkundung, Wettervorhersage, Bank- und Finanzwesen sowie Verteidigung und Sicherheit. Der Zugang Afrikas zu Produkten der Weltraumtechnologie ist keine Luxussache mehr, und der Zugang zu diesen Technologien und Produkten muss beschleunigt werden. Neue Entwicklungen in der Satellitentechnologie machen diese für afrikanische Länder zugänglich, und es sind geeignete Politiken und Strategien

erforderlich, um einen regionalen Markt für Raumfahrtprodukte in Afrika zu entwickeln. Die Agenda 2063 Afrikas Weltraumstrategie ist das vorrangige Projekt der Afrikanischen Union, das darauf abzielt, die Nutzung des Weltraums durch Afrika zu stärken, um seine Entwicklung voranzutreiben.
Das Department of Human Resources, Science and Technology fördert die Arbeit der Afrikanischen Union im Bereich der STI-Bildung und -Entwicklung. Die Abteilung koordiniert auch Stipendien und wissenschaftliche Studien der Afrikanischen Union, darunter das Nyerere-Stipendium und das Akademische Mobilitätsprogramm, die Kwame Nkrumah Science Awards sowie die Überwachung der Arbeit spezialisierter Institutionen der Afrikanischen Union, einschließlich des Internationalen Zentrums der Afrikanischen Union für Mädchen- und Frauenbildung in Afrika (AU / CIEFFA), der Pan African University (PAU) und dem Pan African Institute for Development Education (IPED).

Wie wir bereits im Buch WHILE WE DANCE CULTURALLY erwähnen konnten, wurde die Wissenschaft in der afrikanischen Welt zu den TOP 10 Prioritäten gezählt.

EIN MENSCHEN OHNE WISSENSCHAFT IST EIN MENSCHEN OHNE ZUKUNFT.

IT IS THE STORYTELLER WHO MAKES US WHAT WE ARE, WHO CREATES HISTORY. THE STORYTELLER CREATES THE MEMORY THAT THE SURVIVORS MUST HAVE - OTHERWISE THEIR SURVIVING WOULD HAVE NO MEANING.

Chinua Achebe

ARTS, CULTURE AND HERITAGE:
Levers for Building the Africa we Want

#AfricanHeritage
www.au.int

Infrastruktur- und Energieentwicklung

Die Agenda 2063 betont die Notwendigkeit der Integration als eine der wichtigsten Grundlagen dafür, dass Afrika seine Ziele von inklusivem und nachhaltigem Wachstum und Entwicklung erreicht. Ziel 2 der Agenda 2063 legt Wert darauf, dass Afrika eine Infrastruktur von Weltklasse entwickeln muss, die Afrika durchquert und die die Konnektivität durch neuere und mutigere Initiativen verbessert, um den Kontinent über Schiene, Straße, See und Luft zu verbinden; und Entwicklung regionaler und kontinentaler Strompools sowie IKT.

Die Afrikanische Union arbeitet auch daran, die Rahmen der kontinentalen Agenda 2063 zur Förderung der Infrastrukturentwicklung umzusetzen, wie beispielsweise das Programm für die Infrastrukturentwicklung in Afrika (PIDA), das afrikanischen Akteuren einen gemeinsamen Rahmen bietet, um die notwendige Infrastruktur für einen stärker integrierten Verkehr und Energie aufzubauen , IKT und Verkehr. Grenzwassernetze, um den Handel anzukurbeln, das Wachstum anzukurbeln und Arbeitsplätze zu schaffen.

Wichtige Leitprojekte der Agenda 2063, die die Bemühungen der Afrikanischen Union in den Bereichen Energie und Infrastrukturentwicklung vorantreiben, sind:

- Das integrierte Hochgeschwindigkeitszugnetz, das darauf abzielt, alle afrikanischen Hauptstädte und Handelszentren durch ein afrikanisches Hochgeschwindigkeitszugnetz zu verbinden;
- Die Umsetzung des großen Inga-Staudamm-Projekts, das darauf abzielt, Afrika von traditionellen zu modernen Energiequellen umzuwandeln und allen Afrikanern den Zugang zu sauberer und erschwinglicher Elektrizität durch die Entwicklung des Inga-Staudamms zu sichern;
- Die Einrichtung eines einheitlichen afrikanischen Luftverkehrsmarkts (SAATM), der darauf abzielt, die intraregionale Konnektivität zwischen afrikanischen Hauptstädten sicherzustellen und einen einheitlichen einheitlichen Luftverkehrsmarkt in Afrika zu schaffen, als Impuls für die

wirtschaftliche Integrations- und Wachstumsagenda des Kontinents;
- Das Pan-African E-Network, das darauf abzielt, transformative E-Anwendungen und -Dienste in Afrika zu fördern, insbesondere die intraafrikanische terrestrische Breitbandinfrastruktur; und Cybersicherheit, wodurch die Informationsrevolution zur Grundlage für die Erbringung von Dienstleistungen in der Bio- und Nanotechnologieindustrie wird und Afrika letztendlich in eine elektronische Gesellschaft verwandelt wird;
- Cybersicherheit, die darauf abzielt, die sichere Nutzung neuer Technologien zu fördern und sicherzustellen, dass diese Technologien zum Nutzen afrikanischer Einzelpersonen, Institutionen oder Nationalstaaten eingesetzt werden, um Datenschutz und Online-Sicherheit zu gewährleisten.
Im Zuge der Entwicklung der digitalen Landschaft hat sich die Afrikanische Union der Aufgabe gestellt, sicherzustellen, dass die IKT ihre Rolle bei der Entwicklung Afrikas spielt, durch die Schaffung einer eigenen Online-Identität Afrikas, was zur Einführung von DotAfrica (.africa) führte, der geografischen Spitze -Level-Domain (gTLD) für die Menschen und den afrikanischen Kontinent. Dieser gTLD-Name bietet Einzelpersonen, Regierungen, Unternehmen und anderen die Möglichkeit, ihre Produkte, Dienstleistungen und Informationen mit dem Kontinent und den Menschen Afrikas zu verknüpfen.

Das Ministerium für Infrastruktur und Energie der AUC leitet die Umsetzung dieser Leitprogramme der Agenda 2063 sowie die Aktivitäten der Afrikanischen Union, die auf die Förderung, Koordinierung, Umsetzung und Überwachung von Infrastruktur, Verkehr, Energieentwicklungsprogrammen und -richtlinien sowie Informations- und Kommunikationstechnologie (IKT) abzielen als Postdienste.

Wenn es um INFRASTRUKTUR UND ENERGIE geht, bietet der afrikanische Kontinent echte Chancen. In den folgenden 4 Videos auf Englisch können Sie mit dem Sofortübersetzungssystem von Youtube auf wichtige Informationen zugreifen.

Sehen Sie sich alle Videos an und sehen Sie, WIE VIEL AFRIKA JETZT SPRICHT.

Infrastruktur und Energie

Binnenmarkt von
Afrikanischer Luftverkehr

Afrikanische Rohstoffstrategie

Freihandelszone des afrikanischen
Kontinents (AfCFTA)

MUSIC IN AFRICA OFTEN CONTAINS MESSAGES. MUSIC IN SENEGAL, AND AFRICA, IS NEVER MUSIC FOR MUSIC'S SAKE OR SOLELY FOR ENTERTAINMENT. IT'S ALWAYS A VEHICLE FOR SOCIAL CONNECTIONS, DISCUSSIONS AND IDEAS.

Youssour N'Dour

2021
ARTS, CULTURE AND HERITAGE:
Levers for Building the Africa we Want
#AfricanHeritage
www.au.int

Landwirtschaftliche Entwicklung

Damit Afrika das Ziel der Agenda 2063 „Ein wohlhabendes Afrika auf der Grundlage von integrativem Wachstum und nachhaltiger Entwicklung" (Ziel 1) erreichen kann, muss der Kontinent in eine moderne Landwirtschaft investieren, um Proaktivität und Produktion zu steigern und das enorme Potenzial von Blau / Ozean von Afrika Wirtschaft. Darüber hinaus müssen Schritte unternommen werden, um den Klimawandel und andere Umweltfaktoren, die ein großes Risiko für den Agrarsektor darstellen, anzugehen.

Das Comprehensive African Agricultural Development Programme (CAADP) ist einer der kontinentalen Rahmen der Agenda 2063 und zielt darauf ab, den afrikanischen Ländern dabei zu helfen, den Hunger zu bekämpfen und die Armut zu reduzieren, indem das Wirtschaftswachstum durch landwirtschaftsgeleitete Entwicklung gesteigert und die Bereitstellung des Staatshaushalts für den Agrarsektor. Durch CAADP sollen die afrikanischen Regierungen die Investitionen in die Landwirtschaft erhöhen, mindestens 10 % der Staatshaushalte für Landwirtschaft und ländliche Entwicklung bereitstellen und landwirtschaftliche Wachstumsraten von mindestens 6 % pro Jahr erzielen. CAADP setzt sich auch Ziele zur Verringerung von Armut und Unterernährung, zur Steigerung der landwirtschaftlichen Produktivität und Einkommen sowie zur Verbesserung der Nachhaltigkeit der landwirtschaftlichen Produktion und der Nutzung natürlicher Ressourcen. Durch CAADP setzt sich die Afrikanische Union dafür ein, dass die Mitgliedstaaten den Schwerpunkt auf afrikanische Eigenverantwortung und afrikanische Führung legen, um die landwirtschaftliche Agenda und die Bühne für den landwirtschaftlichen Wandel festzulegen.

Die Afrikanische Union leitet auch die Umsetzung von Initiativen, die die Widerstandsfähigkeit von Gemeinschaften und Ökosystemen in den Trockengebieten Afrikas stärken, Landdegradation, Wüstenbildung, Verlust der biologischen Vielfalt und Klimawandel durch die Förderung einer nachhaltigen Landbewirtschaftung und -wiederherstellung bekämpfen. Im Rahmen der Initiative Große Grüne Mauer (GGW) setzt die Afrikanische Union Maßnahmen um, um die Bodendegradation und den Verlust der biologischen Vielfalt in afrikanischen Trockengebieten zu beenden oder umzukehren und sicherzustellen, dass die Ökosysteme gegenüber dem Klimawandel widerstandsfähig sind, weiterhin grundlegende Dienstleistungen erbringen und zum menschlichen Wohlergehen beitragen -Sein und die Beseitigung von Armut und Hunger. Die GGW-Initiative zielt darauf ab, mehr als 425 Millionen Afrikaner, die in

Ländliche und landwirtschaftliche Wirtschaft

CAADP

AU PANVAC

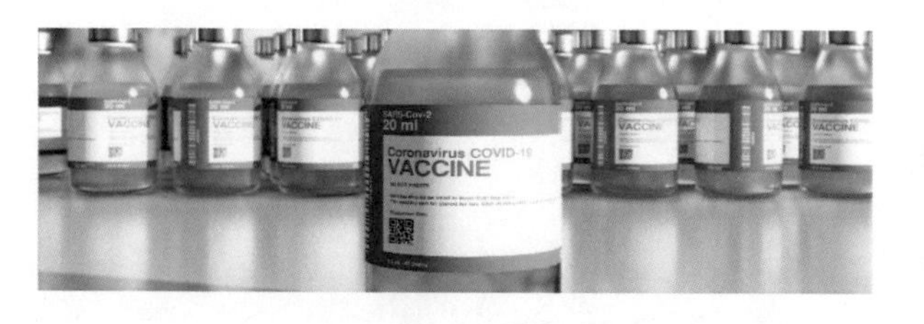

AU IBAR

den Trockengebieten leben, dabei zu unterstützen, nachhaltige Entwicklungspraktiken einzuführen, die die Umwelt schützen und Hunger und Armut bekämpfen.

Das Ministerium für ländliche Wirtschaft und Landwirtschaft leitet die Bemühungen zur Förderung der landwirtschaftlichen Entwicklung und des nachhaltigen Umweltmanagements sowie zur Unterstützung der Umsetzung von CAADP, GGW und anderen nachhaltigen Landwirtschaftsprogrammen auf dem gesamten Kontinent.

Wenn es um die Landwirtschaft geht, habe ich als Afro-Brasilianer die Verpflichtung, einen großen Beitrag zur frica Collection zu leisten, und das habe ich in Büchern versucht.

In Brasilien haben wir EMBRAPA, die brasilianische Agrarforschungsgesellschaft, die auf ihrer digitalen Plattform über ein breites Spektrum an Wissen verfügt.

EMBRAPA WER WIR SIND

Wir sind ein technologisches Innovationsunternehmen, das sich darauf konzentriert, Wissen und Technologie für die brasilianische Landwirtschaft zu generieren.

Die Brasilianische Agrarforschungsgesellschaft (Embrapa) wurde am 26. April 1973 gegründet und ist mit dem Ministerium für Landwirtschaft, Viehzucht und Versorgung (Mapa) verbunden. Seit unserer Gründung haben wir uns einer Herausforderung gestellt: Gemeinsam mit unseren Partnern im National Agricultural Research System (SNPA) ein echtes brasilianisches tropisches Landwirtschafts- und Viehzuchtmodell zu entwickeln, das die Barrieren überwindet, die die Produktion von Nahrungsmitteln, Ballaststoffen und Energie begrenzt haben in unserem

Land.
Diese Bemühungen halfen, Brasilien zu transformieren. Heute ist unsere Landwirtschaft eine der effizientesten und nachhaltigsten der Welt. Wir haben eine große Fläche degradierten Landes in den Cerrados in Produktionssysteme integriert. Eine Region, die heute für fast 50 % unserer Getreideproduktion verantwortlich ist. Wir haben das Angebot an Rind- und Schweinefleisch vervierfacht und das Angebot an Hühnchen um das 22-fache erweitert. Dies sind einige der Errungenschaften, die das Land vom Importeur von Grundnahrungsmitteln zu einem der größten Produzenten und Exporteure der Welt gemacht haben.
LEISTUNG:
In Forschung und Entwicklung
Mit Fokus auf Innovation arbeiten wir mit einer umfangreichen Agenda strategischer Themen, antizipieren Szenarien und Lösungen für die Landwirtschaft. Die Vielfalt der brasilianischen Landwirtschaft spiegelt sich in unseren Leistungen wider. Betriebliche und familiäre Landwirtschaft; die Grenzen des Wissens und die Bewahrung der angestammten Praktiken traditioneller brasilianischer Gemeinschaften gehören zu diesen Aktivitäten. Erfahren Sie mehr über unsere Forschung.
Im Technologietransfer
Bauen Sie Wissen zusammen mit den verschiedenen Segmenten der Branche auf. Wir setzen auf diesen Weg, um die Nachhaltigkeit der brasilianischen Landwirtschaft unter Berücksichtigung der ökologischen, ethnischen und kulturellen Vielfalt des Landes zu fördern.Erfahren Sie mehr über unseren Technologietransfer.
Im Ausland
Seit Beginn unserer Geschichte haben wir die Zusammenarbeit mit den wichtigsten Forschungszentren der Welt gesucht. Wir setzen weiterhin auf wissenschaftliche Kooperationen, um den großen Herausforderungen der Landwirtschaft in den kommenden Jahren zu begegnen. Heute sind wir eine weltweite Referenz in der Landwirtschaft im tropischen Klima und unterstützen die brasilianische Regierung bei Maßnahmen zur Förderung der Entwicklung des Sektors in Schwellenländern. Erfahren Sie mehr

über unsere internationale Leistung.

Zukunft

Unser Ziel ist es, auch in den kommenden Jahren zur Weiterentwicklung des Agrarsektors beizutragen. Die Fähigkeit, die Zukunft zu antizipieren und Szenarien abzubilden, ist dabei unabdingbar, denn Komplexität wird das Markenzeichen der Zukunft sein.

Das Agropensa-System

Agropensa ist das strategische Informationssystem von Embrapa, das sich der Produktion und Verbreitung von Wissen und Informationen widmet, um die Formulierung von Strategien für Forschung, Entwicklung und Innovation (FE&I) für das Unternehmen und Partnerinstitutionen zu unterstützen. Das System wird vom Secretariat of Intelligence and Strategic Relations (Sire) koordiniert.

Agropensa arbeitet an der Kartierung und Unterstützung der Organisation, Integration und Verbreitung von landwirtschaftlichen Datenbanken und Informationen. Es erfasst und prognostiziert Trends, identifiziert mögliche Zukünfte und erarbeitet Szenarien, die es der brasilianischen Landwirtschaft ermöglichen, sich besser auf potenzielle Herausforderungen und Chancen vorzubereiten.

Datenbank

Die Datenbanken werden in einem interaktiven Panel (Dashboard/BI) präsentiert, das eine schnelle und anpassbare Konsultation ermöglicht. Zu den Informationen gehört die jährliche Entwicklung gemäß der gewählten Variablen der kommunalen landwirtschaftlichen Produktion (PAM), der kommunalen Viehbestandserhebung (PPM) und der vierteljährlichen Schlachtung (PTA) - IBGE.

Das Knowledge Network, bestehend aus Embrapa-Mitarbeitern und externen Partnern, national und international, arbeitet daran, Informationen zu sammeln, Analysen und Studien durchzuführen oder Strategien vorzuschlagen.

I KEPT MY CULTURE. I KEPT THE MUSIC OF MY ROOTS. THROUGH MY MUSIC I BECAME THIS VOICE AND IMAGE OF AFRICA AND THE PEOPLE

Miriam Makeba

ARTS, CULTURE AND HERITAGE:
Levers for Building the Africa we Want

#African**Heritage**

www.au.int

Wirtschaftsintegration und Privatsektorentwicklung

Um die wirtschaftliche Integration sowie die Entwicklung des Privatsektors zu fördern, setzt die Afrikanische Union mehrere wichtige Leitprojekte im Rahmen der Agenda 2063 um und fördert die Annahme der Afrikanischen Kontinentalen Freihandelszone (AfCFTA) und des Freizügigkeitsprotokolls als Motoren für regionale wirtschaftliche Integration und Entwicklung.

Um die Beteiligung des Privatsektors zu fördern, hat die Afrikanische Union Programme umgesetzt, die darauf abzielen, strategische Partnerschaften mit dem Privatsektor durch öffentlich-private Partnerschaftsverpflichtungen zu bilden, einschließlich der Entwicklung strategischer Partnerschaften mit afrikanischen Philanthropen, um die Umsetzung wichtiger Entwicklungsinitiativen auf regionaler und kontinentaler Ebene zu unterstützen. Das AEP African Economic Forum (Plattform) wurde als Multi-Stakeholder-Treffen ins Leben gerufen, um die afrikanische politische Führung, den Privatsektor, die Wissenschaft und die Zivilgesellschaft zusammenzubringen, um darüber nachzudenken, wie der wirtschaftliche Wandel Afrikas beschleunigt werden kann, und seine enormen Ressourcen zur Verbesserung der Entwicklung von das afrikanische Volk. Das Forum diskutiert die wichtigsten Chancen sowie Hemmnisse für die wirtschaftliche Entwicklung und schlägt Maßnahmen vor, um die Bestrebungen und Ziele der Agenda 2063 zu verwirklichen. Der African Business Council.

Die Schaffung von afrikanischen Kontinentalfinanzinstitutionen zielt darauf ab, die Integration und sozioökonomische Entwicklung des Kontinents durch die Gründung von Organisationen zu beschleunigen, die eine zentrale Rolle bei der Mobilisierung von Ressourcen und der Verwaltung des afrikanischen Finanzsektors spielen werden.

Finanzinstitute, die zur Förderung der wirtschaftlichen Integration geplant sind, sind die African Investment Bank und die Pan-African Stock Exchange; dem Afrikanischen Währungsfonds und der Afrikanischen Zentralbank.

Die Afrikanische Union fördert auch die Nutzung afrikanischer Daten aus offiziellen nationalen Quellen, um die Nutzung von Statistiken und verifizierten Daten für die Entwicklung zu verbessern. Die Afrikanische Statistikcharta fördert die Nutzung von Statistiken für die Entwicklung in Afrika und legt die methodischen und ethischen Grundsätze fest, die darauf abzielen, die Erstellung harmonisierter Statistiken über Afrika in Echtzeit zu gewährleisten, um den Bedürfnissen und Standards gerecht zu werden, die sie zu einem Afrika-Benchmark machen Statistiken.

Das African Institute for Remittances (AIR) ist das Büro der Afrikanischen Union, das mit der Förderung von Reformen der Regulierungsrahmen für Überweisungen der Mitgliedstaaten beauftragt ist, mit dem Ziel, die Überweisungskosten zu senken; Verbesserung der Kapazitäten der Mitgliedstaaten zur statistischen Messung, Zusammenstellung und Meldung von Überweisungsdaten; und Unterstützung der Mitgliedstaaten bei der Entwicklung strategischer Instrumente, um Überweisungen für die soziale und wirtschaftliche Entwicklung zu nutzen. Das Institut wird von der Kenya School of Monetary Studies (KSMS) in Nairobi, Kenia, organisiert.
Das Wirtschaftsministerium fördert die Arbeit der Afrikanischen Union im Bereich der wirtschaftlichen Integration und der Entwicklung und Beteiligung des Privatsektors. Die Abteilung schlägt auch politische Lösungen zur Lösung des Schuldenproblems Afrikas vor und bietet einen Rahmen für die Verwendung harmonisierter Statistiken. Die Abteilung leitet die Bemühungen der Afrikanischen Union zur Einrichtung des Instituts der Afrikanischen Union für Statistik und des Statistischen Ausbildungszentrums.
Die Stiftung der Afrikanischen Union konzentriert sich auf die Zusammenarbeit mit der Philanthropie des Privatsektors, um wichtige Entwicklungsinitiativen auf dem Kontinent, wie Landwirtschaft und Jugendförderung, zu unterstützen.

Konfliktlösung, Frieden und Sicherheit

Die Afrikanische Union ist führend bei der Formulierung von Politiken und der Umsetzung von Beschlüssen, um sicherzustellen, dass Afrika das Ziel 4 der Agenda 2063 erreicht, das ein „friedliches und sicheres Afrika" anstrebt, durch den Einsatz von Mechanismen, die einen dialogorientierten Ansatz zur Konfliktprävention fördern und Konfliktlösung und die Etablierung einer Kultur des Friedens und der Toleranz, die in den Kindern und Jugendlichen Afrikas durch Friedenserziehung gefördert wird.
Die Leitinitiative „Agenda 2063 zum Schweigen von Waffen" steht im Mittelpunkt der Aktivitäten, um sicherzustellen, dass Afrika ein friedlicherer und stabilerer Kontinent wird.
Das wichtigste Gremium der Afrikanischen Union zur Förderung von Frieden und Sicherheit auf dem Kontinent ist der Friedens- und Sicherheitsrat (CPS), das ständige Entscheidungsgremium der Afrikanischen Union für die Verhütung, Bewältigung und Beilegung von Konflikten. Es ist ein kollektives Sicherheits- und Frühwarnabkommen, das rechtzeitige und effiziente Reaktionen auf Konflikt- und Krisensituationen in Afrika ermöglichen soll. Sie ist auch die tragende Säule der Afrikanischen Friedens- und Sicherheitsarchitektur (APSA), die den Rahmen für die Förderung von Frieden, Sicherheit und Stabilität in Afrika bildet.
Die Abteilung für Frieden und Sicherheit der Kommission der Afrikanischen Union (AUC) unterstützt das PSC bei der Erfüllung seiner Aufgaben im Rahmen des PSC-Protokolls und leitet AUC-Aktivitäten in Bezug auf Frieden, Sicherheit und Stabilität auf dem gesamten Kontinent. Die Abteilung unterstützt verschiedene Friedens- und Sicherheitsbüros und Missionen und arbeitet mit vom AUC-Präsidenten ernannten Sonderbeauftragten im Bereich Frieden und Sicherheit zusammen.
Die Abteilung beaufsichtigt das Afrikanische Zentrum für das Studium und die Erforschung des Terrorismus und setzt sich auch für die Unterzeichnung und Ratifizierung der verschiedenen Verträge der Afrikanischen Union in den Bereichen Frieden und Sicherheit durch die Mitgliedstaaten ein.
Erfahren Sie mehr über die Arbeit der Afrikanischen Union bei der Konfliktlösung und Friedenssicherung auf dem Kontinent, indem Sie das Ministerium für Frieden und Sicherheit besuchen.

Förderung von Gesundheit und Ernährung

Ziel 1 der Agenda 2063 sieht ein „florierendes Afrika auf der Grundlage von inklusivem Wachstum und nachhaltiger Entwicklung“ vor. Um dieses Ziel zu erreichen, besteht eines der Hauptziele Afrikas darin, sicherzustellen, dass seine Bürger gesund und gut ernährt sind und dass angemessene Investitionen getätigt werden, um den Zugang zu hochwertigen Gesundheitsdiensten für alle Menschen zu verbessern.

Die Afrikanische Union setzt sich dafür ein, dass Afrika seinen Gesundheitssektor nachhaltig entwickelt und verwaltet, indem sie einschlägige sektorale Institutionen einrichtet, um den Wissensaufbau zu unterstützen sowie Notfälle und Krankheitsausbrüche auf dem Kontinent zu bewältigen. Die Zentren für die Kontrolle und Prävention von Krankheiten der Afrikanischen Union (Africa CDC) wurden als führende Institution gegründet, um afrikanische Länder bei der Förderung der Gesundheit und der Prävention von Krankheitsausbrüchen zu unterstützen und die Prävention, Erkennung und Reaktion auf Bedrohungen der öffentlichen Gesundheit zu verbessern. Das Africa CDC versucht, die Kapazitäten und Partnerschaften afrikanischer öffentlicher Gesundheitseinrichtungen zu stärken, um Bedrohungen und Ausbrüche von Krankheiten auf der Grundlage von Wissenschaft, evidenzbasierten Strategien und Interventionen und Programmen schnell und effektiv zu erkennen und darauf zu reagieren. Africa CDC spielt eine Schlüsselrolle bei der Verbindung der verschiedenen Parteien durch die Event Based Surveillance Unit (EBS), den Kapazitätsaufbau der Mitgliedstaaten, Feldaktivitäten durch das Continental Emergency Operations Center (EOC) sowie bei der Einrichtung von Regional Collaborating Centers (RCC .).).
Die Afrikanische Union plant die Einrichtung eines Korps von freiwilligen Gesundheitshelfern innerhalb der Africa CDC. Das African Voluntary Health Corps wird bei Krankheitsausbrüchen und anderen gesundheitlichen Notfällen eingesetzt.
Studien zeigen, dass anhaltende Unterernährung, Wachstumsverzögerung und schlechter Gesundheitszustand zu erhöhten Fehl- und Schulabbrecherquoten, geringeren Anwesenheitsraten und einem allgemeinen Rückgang der Kognition beitragen. Dabei wurden die potenziellen Ernährungs- und Gesundheitsergebnisse von Schulspeisungsprogrammen als Ergänzung zu den Bildungs- und Lernergebnissen ans Licht gebracht. Die Afrikanische Union arbeitet mit den Mitgliedstaaten zusammen, um das Ernährungsniveau auf dem Kontinent zu verbessern, und hat spezifische Aktivitäten wie die Cost of Hunger in Africa Study (COHA) durchgeführt, die das Wissen über die sozialen und wirtschaftlichen Auswirkungen der Unterernährung von Kindern in Afrika und die Interventionen

verbessert dass die Länder Maßnahmen ergreifen müssen, um Probleme anzugehen und zu beheben, die zur Unterernährung beitragen, wie beispielsweise unzureichende/nährstoffmangelhafte landwirtschaftliche Produktion.

Um das Lernen und die Verbesserung der Gesundheit und Ernährung von Kindern im schulpflichtigen Alter zu unterstützen, erkennt die Schulspeisungsinitiative der Afrikanischen Union außerdem an, dass Schulspeisungsprogramme einen erheblichen Einfluss auf den Zugang und die Beibehaltung, den Besuch und die Senkung der Abbrecherquoten bei Kindern im schulpflichtigen Alter haben. Zusätzlich zu den psychologischen Vorteilen verbessern diese Initiativen das Lernen, die kognitiven Funktionen, das Unterrichtsverhalten, die schulischen Leistungen und die Konzentrationsfähigkeit; und für marginalisierte und ernährungsunsichere Familien verbessern Schulernährungsprogramme die Ernährungssicherheit der Haushalte, indem sie die Grundnahrungsmittelkörbe von Familien in Gebieten mit Nahrungsmittelmangel erhöhen. Die Afrikanische Union arbeitet mit den Mitgliedstaaten an der Umsetzung von Schulspeisungsprogrammen, die zusätzlich zu den oben genannten Vorteilen Einkommenstransfers für begünstigte Familien und soziale Sicherheitsnetze für arme Familien schaffen, die ganzen Gemeinschaften durch die Stimulierung lokaler Märkte zugutekommen und es den Familien ermöglichen, in Produktionsanlagen investieren und die Wirtschaft im Allgemeinen beeinflussen, indem sie die landwirtschaftliche Transformation durch Verbindungen zu Kleinbauern erleichtern. Der 1. März ist der offizielle afrikanische Schulfütterungstag in Anerkennung dieser Programme, die täglich in verschiedenen afrikanischen Ländern durchgeführt werden.

Das Sozialdepartement fördert die Arbeit der Afrikanischen Union im Bereich Gesundheit und Ernährung. Die Schulspeisungsinitiative der Afrikanischen Union wird vom Ministerium für Humanressourcen, Wissenschaft und Technologie im Rahmen von Bildungsinitiativen zur Förderung des Schulbesuchs geleitet.

Jugendentwicklung

Afrika hat mit mehr als 400 Millionen jungen Menschen im Alter zwischen 15 und 35 Jahren die jüngste Bevölkerung der Welt. Diese junge Bevölkerung erfordert verstärkte Investitionen in wirtschaftliche und soziale Entwicklungsfaktoren, um das Entwicklungstempo der afrikanischen Nationen zu verbessern.

Die AU hat mehrere Jugendentwicklungspolitiken und -programme auf kontinentaler Ebene entwickelt, um sicherzustellen, dass der Kontinent von seiner demografischen Dividende profitiert. Zu den Richtlinien gehören die Afrikanische Jugendcharta, der Aktionsplan für die Jugenddekade und der Malabo-Beschluss zur Stärkung der Jugend, die alle durch verschiedene Programme der AU-Agenda 2063 umgesetzt werden.

Die Afrikanische Jugendcharta schützt junge Menschen vor Diskriminierung und garantiert Bewegungs-, Meinungs-, Vereinigungs-, Religions-, Eigentums- und andere Menschenrechte und verpflichtet sich gleichzeitig, die Teilhabe junger Menschen an der gesamten Gesellschaft zu fördern.

Der Aktionsplan für die Jugenddekade konzentriert sich auf 5 vorrangige Bereiche, nämlich:

- Bildung und Kompetenzentwicklung;
- Beschäftigung und junges Unternehmertum;
- Staatsführung, Frieden und Sicherheit;
- Jugendgesundheit und Rechte auf sexuelle und reproduktive Gesundheit;
- Landwirtschaft, Klimawandel und Umwelt.

Die Continental TVET Strategy bietet einen umfassenden Rahmen für die Formulierung und Entwicklung nationaler Politiken und Strategien zur Bewältigung der Herausforderungen der allgemeinen und beruflichen Bildung, um die wirtschaftliche Entwicklung zu unterstützen, nationalen Wohlstand zu schaffen und durch junges Unternehmertum, Innovation und Beschäftigung zur Armutsbekämpfung beizutragen.

Das Department of Human Resources, Science and Technology fördert die Arbeit der Afrikanischen Union im Bereich der Jugendentwicklung.

Geschlechtergerechtigkeit und Entwicklung

Ziel 6 der Agenda 2063 fordert „ein Afrika, dessen Entwicklung von den Menschen getragen wird, das Potenzial der afrikanischen Bevölkerung, insbesondere ihrer Frauen und Jugendlichen, erschließt und sich um Kinder kümmert". Die Agenda 2063 fordert daher, dass wir in einer inklusiveren Gesellschaft leben, in der alle Bürgerinnen und Bürger in jeder Hinsicht aktiv an der Entscheidungsfindung beteiligt sind und in der kein Kind, keine Frau oder kein Mann aufgrund von Geschlecht, politischer Zugehörigkeit, Religion, ethnische Zugehörigkeit, Standort, Alter oder andere Faktoren. Artikel 3 des Protokolls zur Änderung der Verfassungsakte der Afrikanischen Union erkennt die entscheidende Rolle der Frauen bei der Förderung der inklusiven Entwicklung an und fordert die AU auf, „die wirksame Beteiligung von Frauen an der Entscheidungsfindung, insbesondere in den politischen, wirtschaftlichen und sozioökonomische Bereiche -kulturell. "

Die AU erkennt an, dass die Gleichstellung der Geschlechter ein grundlegendes Menschenrecht und ein wesentlicher Bestandteil der regionalen Integration, des Wirtschaftswachstums und der sozialen Entwicklung ist und hat die AU-Strategie zur Gleichstellung der Geschlechter und zur Stärkung der Frauen (GEWE) entwickelt, um die Einbeziehung von Frauen in die Entwicklungsagenda Afrikas sicherzustellen.

Die Strategie von GEWE konzentriert sich auf 6 Hauptsäulen, nämlich:
1) Die wirtschaftliche Stärkung der Frauen und nachhaltige Entwicklung – Die Stärkung der Rolle der Frauen ist der Schlüssel zu Wachstum, Wohlstand und Nachhaltigkeit;
2) Soziale Gerechtigkeit, Schutz und Frauenrechte – Frauenrechte sind Menschenrechte; sie umfassen alle Bereiche - gesellschaftlich, politisch, rechtlich und wirtschaftlich;
3) Führung und Regierungsführung – gute Regierungsführung erfordert die gleichberechtigte und wirksame Beteiligung von Frauen;

4) Gender-Management-Systeme – Bereitstellung von Zugangs- und Investitionsressourcen (finanzielle und andere technische Ressourcen) zur Unterstützung von Frauen;
5) Frauen, Frieden und Sicherheit – Sicherstellen, dass die Perspektiven von Frauen in die Themen Frieden – Präventions-, Schutz- und Förderprogramme einbezogen werden;
6) Medien und IKT - Frauen eine Stimme in den afrikanischen Medien und Zugang zu Technologie für Wissen geben.
Die Afrikanische Charta der Menschen- und Völkerrechte der Afrikanischen Union über die Rechte der Frau in Afrika verpflichtet die Vertragsstaaten, alle Formen der Diskriminierung von Frauen durch geeignete gesetzgeberische Maßnahmen zu bekämpfen.
Das Directorate of Women, Gender and Development (WGDD) ist verantwortlich für die Leitung, Anleitung, Förderung und Koordinierung der Bemühungen der AU, die Gleichstellung der Geschlechter zu erreichen und die Stärkung der Frauen zu fördern und sicherzustellen, dass afrikanische Länder die feierliche Erklärung der AU zur Gleichstellung der Geschlechter in Afrika (SDGEA .) einhalten).

DIE GROSSE STÄRKE DER AFRIKANISCHEN FRAUEN

Bei den Olympischen Spielen in Tokio gewann Kenia das Double im Marathon der Frauen. Peres Jepchircir holte sich nach über 42 Rennkilometern Gold. Sie beendete mit einer Zeit von 2h27min20s. Auch die Kenianerin Brigid Kosgei holte sich Silber und überquerte die Ziellinie 16 Sekunden nach ihrer Landsfrau in 2h27:36s.

KENYA
JEPCHIRCHIR

Förderung von Sport und Kultur

Ziel 5 der Agenda 2063 sieht A'n Africa mit einer starken kulturellen Identität, einem gemeinsamen Erbe, gemeinsamen Werten und Ethik vor. Dies erfordert eine afrikanische kulturelle Renaissance, die überragend ist und den Geist des Panafrikanismus fördert; Erforschung des reichen Erbes und der Kultur Afrikas, um

ARTS, CULTURE AND HERITAGE:

Levers for Building the Africa we Want

sicherzustellen, dass die kreativen Künste einen entscheidenden Beitrag zu Afrikas Wachstum und Transformation leisten; und Wiederherstellung und Bewahrung des kulturellen Erbes Afrikas, einschließlich seiner Sprachen.

Die Afrikanische Charta der Afrikanischen Union für die afrikanische kulturelle Renaissance erkennt die wichtige Rolle an, die Kultur bei der Mobilisierung und Vereinigung der Menschen um gemeinsame Ideale herum spielt und bei der Förderung der afrikanischen Kultur, um die Ideale des Panafrikanismus aufzubauen. Das Flaggschiffprojekt Agenda 2063 für das Grand African Museum zielt darauf ab, ein Bewusstsein für die riesigen, dynamischen und vielfältigen kulturellen Artefakte Afrikas und den Einfluss zu schaffen, den Afrika auf die verschiedenen Kulturen der Welt in Bereichen wie Kunst, Musik hatte und ausübt , Sprache, Wissenschaft und so weiter. Das Great African Museum wird ein zentrales Zentrum für die Erhaltung und Förderung des afrikanischen Kulturerbes sein. Die Afrikanische Union setzt sich für die Förderung der kulturellen Zusammenarbeit durch den Einsatz afrikanischer Sprachen und die Förderung des interkulturellen Dialogs ein. Die African Academy of Languages (ACALAN) und das Center for Linguistic and Historical Studies by Oral Tradition (CELHTO) wurden gegründet, um afrikanische Sprachen zu stärken, den Gebrauch verschiedener Sprachen auf allen Ebenen, insbesondere im Bildungsbereich, zu fördern und die Entwicklung und Förderung der afrikanischen Sprachen als Faktoren der afrikanischen Integration und Entwicklung, die Achtung der Werte und des gegenseitigen Verständnisses und des Friedens sicherzustellen.

Der Sport wird als kulturelles Element und als wichtiger Beitrag zur menschlichen Entwicklung und zur Stärkung des nationalen Zusammenhalts und der Annäherung der Menschen anerkannt. Die Afrikanische Union führt über die Mitgliedsstaaten Aktivitäten durch, um den Sport zu entwickeln und zu fördern und sicherzustellen, dass Afrikas Beitrag zum globalen Sport ausgewogen und demokratisch ist. Die Mitgliedsstaaten der Afrikanischen Union haben erkannt, dass Afrika seine Kampagne gegen alle Formen der rassischen, religiösen und politischen Diskriminierung im Sport intensivieren muss. Der Sportrat der Afrikanischen Union (AUSC) wurde als Gremium vorgeschlagen, das für die Koordinierung der Afrikanischen Sportbewegung und das Forum zur Koordinierung der Bemühungen der Mitgliedstaaten zur Förderung und Entwicklung des Sports auf dem Kontinent verantwortlich sein wird. Zu seinen Aufgaben gehören die Förderung des Sports als grundlegendes Menschenrecht, die Förderung der Sportentwicklung, die Förderung der Finanzierung der Sportentwicklung und die Sicherstellung, dass die Länder Sportpolitiken, -programme, -systeme und -strukturen entwickeln. AUSC ist für die Afrikaspiele verantwortlich.

Das Sozialdepartement fördert die Arbeit der Afrikanischen Union im Bereich Kultur und Sport.

AFRIKANISIERUNG DES WESTENS

EHER, ALS WESTAFRIKA

Als Afro-Brasilianer, mit guten Passagen in Europa, kann ich den großen westlichen Einfluss in der Welt im Allgemeinen nicht leugnen.Ich erinnere mich sehr gut an den Besuch einer Torautomatisierungsfabrik in Italien, an den Produktionsbändern, Frauen aus einer bestimmten Gegend, mit Fotos von Kevin Costner und anderen amerikanischen Schauspielern an ihren Schreibtischen. Insbesondere Hollywood ist der große westliche Influencer und hinterlässt seine westlichen Marken und Bräuche in den Köpfen der Menschen auf der ganzen Welt. Leider haben die meisten Drehbuchautoren

Foto aufgenommen im Oktober 2011, auf der Tourismusmesse in Simbabwe, genannt Sanganai Hlanganani.

wenn nicht die Gesamtheit, sind sie am Ende faul, weltweit zu recherchieren, um andere Realitäten in ihren Filmen aufzuzeigen. Amerikanische Filmdrehbücher sind bereits ermüdend und repetitiv. Sie fangen an, einen Film anzuschauen, und nehmen ein mögliches Ende vorweg, mit einer guten Chance, es richtig zu machen.

Durch ihre Filme diktieren sie eine schwache Kultur als das ultimative Ziel, das erreicht werden soll. Nicht jeder möchte an der Wall Street arbeiten und teure Kleidung und Schmuck tragen. Das Leben auf dem Planeten ist viel vielfältiger und viel interessanter.

DIE WELT BRAUCHT NACHRICHTEN, NEUEN PARAMETERN, NEUEN ZOLL, NEUEN SCHÖNHEITEN, NEUEN MUSTER UND NEUEN WAHRHEITEN GROSS.

Die schwarze Frau ist genauso oder hübscher als die blonde Frau. Aufgrund der Auferlegung der Hollywood-Filmproduzenten sind jedoch 90% Blondinen.

Es geht ungefähr so: China hat eine immense Kaufkraft, lassen Sie uns Chinesen ins Kino bringen und unsere Produkte an sie verkaufen.

Und der Finanzmarkt beeinflusst immer noch alles, diktiert die Regeln, auch weil Geld die Grundlage aller westlichen künstlerischen Arbeit ist, da nur wenige Regierungen auf der ganzen Welt die Mentalität haben, ihre lokalen Künstler und Produzenten zu finanzieren, um lokale Werke und Kulturen zu verbreiten.
Selbst als ich in Italien war, hätte ich, wenn ich auf der Tribüne ein Foto eines italienischen Schauspielers gesehen hätte, gefragt, wer ist das?
Wir können davon ausgehen, dass unsere Welt im Allgemeinen sehr pasteurisiert ist (ich weiß nicht, ob dieser Begriff in anderen Sprachen verständlich ist), wenn Sie es nicht verstehen, meine ich, dass wir derzeit SEHR GLEICH sind, obwohl wir sehr unterschiedlich sind. Jeder, der

anders ist, ist außerhalb des Musters. Schönheitsmuster, Erfolgsmuster, Lebensmuster.
Als ich 2011 in Angola oder sogar Simbabwe ankam, verzauberte mich und verzaubert mich heute noch genau das Leben der einfachsten Menschen, die das westliche Muster nicht nachahmen können. In ihrer Mitte kann ich die AFRIKANISCHE SEELE in meinem Kopf haben.

Wenn Sie am Flughafen Johannesburg in Südafrika von Bord gehen, werden Sie häufig von südafrikanischen Musikern begrüßt, die in ihrer einheimischen Kleidung singen und ihre Melodien spielen. Außerdem finden Sie zahlreiche Trachten sowie Kunsthandwerk aus verschiedenen Teilen Südafrikas.

Foto aufgenommen im Oktober 2011 am
Flughafen Johannesbug - Südafrika

Foto aufgenommen im Oktober 2011 am
Flughafen Johannesbug - Südafrika

KINO IN AFRIKA

Sehen Sie, wie viel Afrika geredet hat und Sie vielleicht einfach nicht zuhören.

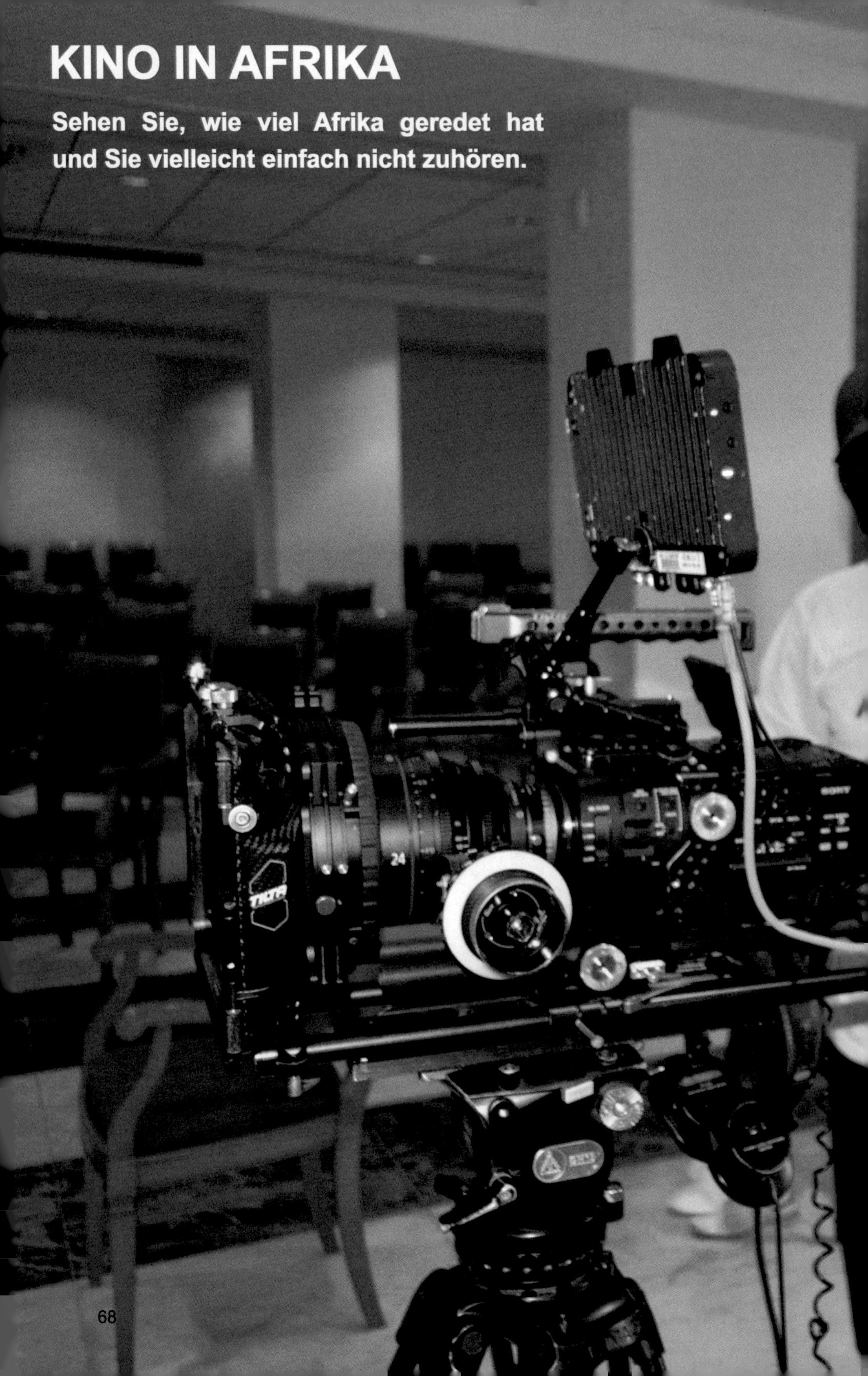

Panasonic

Das nigerianische Kino ist in den letzten Jahren gewachsen, und obwohl es sich um einen äußerst informellen Markt handelt, hat es in den letzten Jahren eine enorme Produktionsexplosion erlebt, die aufgrund seiner einzigartigen Eigenschaften weltweite Aufmerksamkeit erregt hat. Alle Produktionen werden auf Video durchgeführt. Seine Produktion hat ihm den Spitznamen "Nollywood" eingebracht, da es nach Hollywood und Bollywood als die drittgrößte Filmproduktionsindustrie der Welt gilt. In Bezug auf das Produktionsvolumen ist "Nollywood" vielleicht sogar der größte, da seit Ende der 1990er Jahre mehr als tausend Filme pro Jahr gedreht und auf Video verbreitet wurden.

Nigerias Markt ist ausschließlich für Homevideo (mit 90% der Produktion ohne offiziellen Vertrieb, legalisiert), da es im Land praktisch keine Kinos mehr gibt. Mit diesem Panorama lässt sich die Größe dieser Branche nicht genau bestimmen. Genaue Statistiken fehlen oder sie existieren einfach nicht. Die einzige minimal zuverlässige offizielle Quelle ist das National Censorship Board, das für die Bewertungen zuständig ist, obwohl das Gremium das große Produktionsvolumen und all seine Informalität nicht berücksichtigt, da viele Filme ohne Altersangabe "veröffentlicht" werden.

Ohne Kinos gibt es in Nigeria etwa 15.000 Videoclubs und Videotheken, und in fast jeder Art von Geschäft finden Sie Filme zum Verkauf oder zur Miete. Es wird geschätzt, dass jeder Film etwa 25.000 Kopien verkauft, die jeweils für ca. 2.300 CFA (3,50 USD) verkauft werden, mit Mietverträgen für 200 CFA (0,30 USD). Es ist jedoch nicht möglich, die Anzahl der Standorte für jede Kopie zu kennen und wie viele Personen die Kopie für jeden Standort ansehen. Die Preise für Kopien und Leasing sind mit den Preisen des Piratenmarktes vereinbar, um auf Augenhöhe konkurrieren zu können, aber dennoch ist die Piraterie auch in Nigeria ein ernstes Problem, einem Land, in dem die überwiegende Mehrheit der Bevölkerung lebt sehr geringes Einkommen.

Der völlig unabhängige Markt von der Regierung, wo die Finanzierung manchmal mit persönlichen und informellen Krediten erfolgt und er sich selbst läuft – die Bänder und DVDs haben Werbung für andere Filme auf dem Cover und manchmal sogar kleine Trailer anderer Produktionen vor dem Film. Eine durchschnittliche Nollywood-Produktion dauert nur 10 Tage und kostet ungefähr 15.000 US-Dollar. Die ersten Nollywood-Filme wurden alle in analogem Video, VHS oder Betacam gedreht, aber mit der Weiterentwicklung und Kostensenkung der digitalen Technologie werden alle Produktionen mit Digitalkameras, hauptsächlich im Mini-DV-Format, gemacht. Normalerweise sind die Produzenten selbst für den Vertrieb der Bänder und DVDs verantwortlich, was eine einfache und schnelle finanzielle Rendite mit einer nicht sehr ehrgeizigen Gewinnspanne, aber einem sehr großen Volumen sicherstellt. Mit diesem Produktionsschema hat sich die Branche in nur 15 Jahren von Grund auf zu einem Markt von rund 250 Millionen US-Dollar pro Jahr entwickelt, der Tausende von Menschen beschäftigt. Es wird geschätzt, dass etwa 300 Regisseure aktiv sind und insgesamt etwa zweitausend Filme pro Jahr produzieren.

Der Erfolg dieser Branche liegt hauptsächlich im Thema Filme, die das lokale Publikum direkt ansprechen, da sie Bedenken, Konflikte und Realitäten ansprechen, die in den Nachrichten und der Fantasie der lokalen Bevölkerung häufig vorkommen. Die häufigsten Themen sind AIDS (AIDS), Korruption, Prostitution, Religion und Okkultismus. Die Produktion erfolgt in verschiedenen Sprachen, ebenso wie die Produktion in Bollywood, Indien. In Nigeria werden rund 40% der Produktion in nigerianischem Pidgin, 35% in Yoruba, 17,5 % in Hausa und die restlichen 7,5% in anderen lokalen Sprachen und Dialekten produziert. Auch in anderen Ländern Afrikas beginnt Nollywood, mit seinen Akteuren in der Region zwischen Ghana und Sambia erfolgreich zu sein, und gewinnt allmählich an internationalem Ansehen.

Ursprünge

Das nigerianische Kinophänomen hat seine Wurzeln in den 1980er Jahren, als die Gewalt begann, das Publikum von den Kinos zu vertreiben und die Menschen es vorzogen, zu Hause zu bleiben. Damit begann die Stärke des damals entstehenden Videokassettenmarktes, der zu dieser Zeit ein Luxus war, der nur der lokalen Elite zugänglich war, die über Videogeräte und importierte oder raubkopierte Bänder verfügte. Wer auch immer ein Video zu Hause hatte, begann Freunde zu empfangen, um Filme zu sehen. Zur gleichen Zeit begann dieselbe Elite, Filmproduktionsdienste für ihre persönlichen Ereignisse zu engagieren – wie Hochzeiten, Abschlussfeiern, Geburtstage und Beerdigungen – und diese persönlichen Filme wurden auch Freunden gezeigt. Damit wuchs die "Heim"-Videoproduktionsindustrie und begann sich zu diversifizieren, auch mit der Verfilmung von Theaterstücken. Von dort zur Produktion von Filmen mit Schauspielern und Regisseuren von Theaterensembles.

Verfassung

Aber die Filmproduktion in Nigeria wird allgemein den frühen 1990er Jahren zugeschrieben, als das völlige Fehlen von Kinos und Anreizen und Finanzierung die nationale Filmproduktion vollständig lahmlegte. Von da an verstärkte sich die Fernsehproduktion und lokale Serien wurden zu einem Publikumsphänomen, deren Schauspieler nationales Ansehen erlangten. 1992, auf dem Höhepunkt des Erfolgs, wurde die Produktion der Hauptserie aufgrund finanzieller Konflikte zwischen Produzenten, Schauspielern und Fernsehsendern eingestellt. Fernseher ihrerseits ersetzten Programme durch mexikanische Seifenopern und ließen den nationalen Produzenten und Schauspielern keine andere Wahl als das Fernsehen.

In diesem Szenario sammelte Produzent Kenneth Nnebue einige Stars aus den alten Shows und drehte eine Videoserie mit dem Titel "Living in Bondage", die auf den Direktvertrieb im Heimvideomarkt abzielte. Der Empfang war besser als gedacht und der Erfolg von

"Living in Bondage" stellte sich sofort ein - es wird geschätzt, dass der erste Film der Reihe rund 200.000 VHS-Kassetten verkauft hat, den illegalen Handel mit Raubkopien nicht mitgerechnet. Als er 1992 herauskam, war "Living in Bondage" weder der einzige noch der erste Film, der direkt für den Vertrieb in nigerianischen Homevideos produziert wurde, sondern nur ein Exponent, der eine größere Bedeutung erlangte und auf diesen Markt aufmerksam machte. So wurde Nollywood geboren.
Schon Mitte dieses Jahrzehnts wucherten Produktionen im digitalen Format in einem noch nie dagewesenen Ausmaß. Wöchentlich werden rund 30 Filme gedreht und in Videotheken, Filmclubs und Märkten der Stadt in den unterschiedlichsten Handelsformen veröffentlicht.

Auswirkung

Im Oktober 2006 war "The Amazin Grace" von Jeta Amata der erste nigerianische Kinofilm seit 1979. Eine Nicht-Nollywood-Produktion, "The Amazin Grace", wurde mit 400.000 US-Dollar budgetiert, von privaten Investoren finanziert und wurde zur größten lokalen Kinokasse Hit, mit fast 25.000 Zuschauern und übertraf damit zweimal die Kinokassen von "Mr. and Mrs. Smith" - dem bisherigen Meister. Mit nur vier Kinos in einem Land mit heute rund 140 Millionen Einwohnern ist der Kinomarkt keine sehr attraktive Realität; Es wird geschätzt, dass Amatas Film auf dem Heimvideomarkt rund eine Million Einheiten verkauft hat

Celso Salles
DAS NEUE BRASILIANISCHE AFRIKA
31
educasat
Editora

WO STEHT DAS NEUE BRASILIANISCHE AFRIKA IN ALL DIES?

Eine Frage, die ich mir stelle und die sehr einfach zu beantworten ist. Ich glaube, dass wir in Brasilien im Laufe der Jahre Nigeria bei der Zahl der Afrikaner in der Diaspora übertreffen können. Im laufenden Jahr 2021 liegt der Unterschied im Haushalt von weniger als 10 Millionen Einwohnern zugunsten Nigerias.

Somit wird Brasilien, außerhalb des afrikanischen Kontinents, ohne Zweifel der GROSSARTIGE PARTNER DES AFRIKANISCHEN KONTINENTS.

Wie ich in dem Buch CELSO SALLES - Autobiography in Black and White ausführlich erwähnen konnte, bin ich mit einer großartigen Mission auf die Welt gekommen, genau das zu tun, was ich tue.

In dem Buch A NOVA AFRICA BRASILEIRA habe ich mehrere Strategien dargelegt, wie dieses NEUE BRASILIEN, weniger europäisch, weniger nordamerikanisch und mehr AFRIKANISCH, MEHR AFRO-BRASILIAN, einen großen Unterschied in der Welt zugunsten Afrikas machen wird. Tatsächlich platziere ich in der gesamten Afrika-Sammlung wichtige Informationen, schädliche Paradigmenwechsel und neue Paradigmen, die all die edlen Bestrebungen der Afrikanischen Union, die ich endlich in dieses Buch einbringen konnte, sehr unterstützen werden.

NEW AFRICA BRASILIAN mit aktualisierten Informationen wird in der Lage sein, zahlreiche Partnerschaften in allen von der Afrikanischen Union sehr gut gearbeiteten Segmenten durchzuführen.

Ich sehe keine Welt, die durch Farben geteilt ist, obwohl sie es immer noch ist. Ich sehe eine einzige Welt, in der wir in der Summe der

Widrigkeiten die vollkommenste Balance MENSCH, GOTT UND NATUR finden.

Nehmen wir die CINEMA-Ausgabe als Beispiel dafür, wie ein "Nollywood" in Brasilien ankommen und mehrere Millionen Dollar für NIGERIA und NOVA AFRICA BRASILEIRA verdienen kann. Der erste Schritt ist genau das, was ich in diesem Buch "WAS WENN AFRICA COULD SPEAK" darstelle.

Bringen Sie Informationen, die nur wenige Menschen haben, in die Diaspora auf der ganzen Welt. Angesichts der Informationen beginnt jede Person, jede Gruppe, jedes Land im Allgemeinen, ihre Pläne für den legalen und kreativen Vertrieb der Produktionen von "Nollywood" zu skizzieren. Auch weil, wie Sie in den Texten auf den vorherigen Seiten sehen konnten, es einen "unsichtbaren und milliardenschweren" Markt gibt, der nach neuen Geschichten dürstet, sei es in Filmen, Büchern oder jeder anderen Form der Kommunikation.

AFRIKANISCHE IDENTITÄT.

Was ich auf afrikanischem Territorium wahrnehme, da viele der Staats- und Regierungschefs immer noch eine eurozentrische Vision haben, gibt es eine Tendenz, ihr Land viel mehr mit dem Gesicht des Westens als mit dem Gesicht ihres eigenen Landes zu zeigen. Ich kann sie nicht verdammen, da sie dazu gebracht wurden, so zu denken.

Reichtum aus uns selbst zu generieren ist nicht so kompliziert. In dem Buch "WHILE WE DANCE CULTURALLY" mache ich auf die WICHTIGEN NEUEN HERAUSFORDERUNGEN aufmerksam, die wir in den Köpfen der NEUAFRIKANER auf der ganzen Welt verankern müssen. Dafür habe ich in diesem Buch eine TOP 10 erstellt.

WENIGER REAKTIONEN UND VIEL MEHR AKTIONEN.

Was ich in der afrikanischen Welt im Allgemeinen sehe, sind REAKTIONEN von Handlungen, die der schwarzen Welt schaden, die wir RASSISMUS nennen. Ich vertrete die Ansicht, dass die Anzahl der REAKTIONEN umso geringer ist, je mehr AKTIONEN WIR AUSFÜHREN KÖNNEN.

Wir müssen und müssen neue Führer in der Diasporawelt wecken, die weniger abhängig von amerikanischen Schwarzen sind, mit ihren reichen und wichtigen Erinnerungen an den Widerstand gegen RASSISMUS. Sie haben viel getan und tun es weiterhin. Die Worte von Martin Luther King, Malcom-X und so vielen anderen Führern, die mit rassistischem Denken konfrontiert waren, sind bis heute große Motivatoren für schwarze Bewegungen in Brasilien und in der Welt.

Die Frage ist: Werden wir nur von dem Erbe leben, das wir von ihnen geerbt haben? Ist es nicht an der Zeit, neue und beispiellose Aktionen zu starten, um die AFRIKA-FAMILIE WELTWEIT zu fördern?

Ich kann sagen, es ist vorbei. Während ich dieses Buch schreibe, habe ich keine Ahnung, wie ein FRANZÖSISCH, BRITISCHER, BELGIER, NORDAMERIKANISCHES NEUES AFRIKA diese neuen Aktionen schaffen kann, nicht zuletzt, weil ich die Realität jedes dieser NEUEN AFRIKA nicht kenne. Was ich tun kann und bereits tue, ist das ERWACHEN des Gewissens dieser NEUEN AFRIKA.
Wie Sie auf den vorherigen Seiten dieses Buches lesen können, spielt die Afrikanische Union ihre Rolle. Eine hochrangige Rolle, die jedoch unser Engagement erfordert, um die Ziele der Agenda 2063, vielleicht schon 2043, zu erreichen. Warum nicht?

ARBEIT, VIEL ARBEIT.
Das sage ich am meisten zu den neuen Generationen von Afrikanern, zu denen ich hier auf dem Kontinent Zugang habe. Neben der Arbeit habe ich die Bedeutung der Geduld betont. In dem BUCH WER PFLANZEN DATUM, NICHT DATUM ERNTET, habe ich sehr starke Texte geschrieben, um jüngeren Menschen zu zeigen, dass wir mittel- und langfristig denken müssen, dass wir aber schon mit den wichtigen Maßnahmen beginnen sollten. Es spielt keine Rolle, dass wir keine Zeit zum Ernten haben. Wichtig ist, dass neue Generationen bessere Vermögenswerte erben können.
Mein verstorbener und weiser Vater sagte mir: Sohn, wir müssen schläfrig aus dem Bett und hungrig auf den Tisch. Dem Weisen genügt ein halbes Wort.

Nehmen wir den BRASILIANISCHEN KARNEVAL zum Nachdenken. Der Millionenbetrag, der durch die Realisierung des brasilianischen Karnevals nicht nur in Rio de Janeiro, Bahia, sondern im ganzen Land getrieben wird, ist im Laufe der Jahre gewachsen. Es beschäftigt jährlich Millionen von Menschen. Kaum ist ein Karneval vorbei und ein neuer beginnt.
Die Organisation von Sambaschulen übertrifft derzeit in der Qualität das Management vieler international renommierter Unternehmen. Die Wirtschaft in und aus Brasilien ist sehr geschäftig, Reisebüros füllen ihre Kassen mit Dollar.
Das Aufkommen der Carnavalescos Blocks hat es geschafft, ein elitäreres Publikum zu erreichen, das mit dem Verkauf von "ABADÁS" (Karnevals-Kits) nicht nur den brasilianischen Markt, sondern auch den internationalen Markt bewegt.
Große Sponsoren treten auf und die Familien, die ein Jahr damit verbracht haben, Ressourcen zu sparen, gehen auf den Markt und kaufen ihre KARNEVALSKOSTÜME.
90% der Kultur in Brasilien kommt aus Afrika und die heute so berühmten Bewegungen wurden in Hinterhöfen geboren und eroberten die Welt. Afrika muss keine Räder erfinden, die bereits in seinen eigenen Kulturen erfunden wurden. Einfach kopieren und UMSETZEN, OHNE ANGST, GLÜCKLICH ZU SEIN.

LANÇAMENTO DO

QUINTAL DA XIKA, einer der berühmtesten Hinterhöfe der Welt. Ein Traum, ein Hof und viel Liebe.

A DE
TAL
OCUMENTÁRIO

18 NOV 13 HORAS
H/M R$ 10,00
NEGRO
PEITO
OJU ORUM
ORMAÇÕES: 11 94676-5479

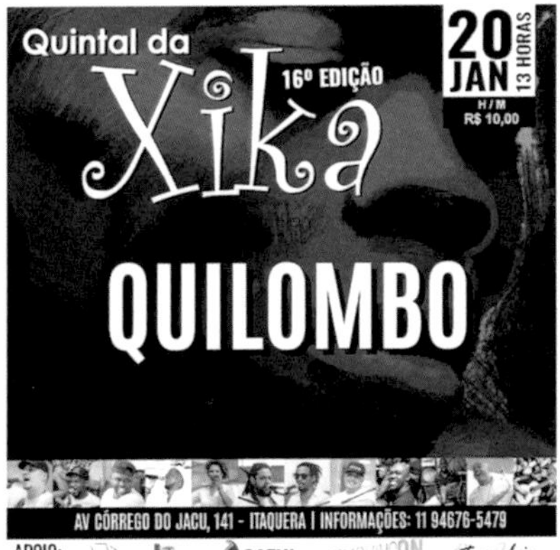
Quintal da
Xika
16º EDIÇÃO
20 JAN 13 HORAS
H/M R$ 10,00
QUILOMBO
AV CÓRREGO DO JACU, 141 - ITAQUERA | INFORMAÇÕES: 11 94676-5479
APOIO:
SAFHI

XIKA
QUE TE
QUERO
XIKA
Quintal da
Xika

Der Samba-Kreis Quintal da XIKA im Stadtteil Itaquera, östlich von São Paulo, versammelt pro Ausgabe etwa tausend Menschen, die den Meistern der Samba-Geschichte und der brasilianischen Volksmusik wichtige Ehrerbietungen erweisen und auch zur Erhaltung, Erhaltung und Entwicklung der Arbeit beitragen die neue Samba-Generation zu schätzen. Dieser Quilombo von Referenz-Schwarzen, Brasilianischen und afrikanischen Matrizen von der Ostseite von SP begann im Juli 2017 mit monatlichen Ausgaben. Die Geschichte von Quintal reicht weit

zurück, mit Xixa, Sängerin und Komponistin des Samba aus São Paulo, mit mehreren Kompositionen, die von den wichtigsten Samba-Gruppen aufgenommen wurden, darunter Fundo de Quintal und mehrere Samba-Schulen in SP, RJ und Interieur, zu Ehren von er und seine Frau Kátia, Quintal do XIKA, wurde von @vitaoking geschaffen, um ihren Geburtstag zu feiern.

Im Juli 2018 erhielt Quintal da XIKA die Plakette "BE SAMBISTA ALSO", die von Bira Presidente in Cacique de Ramos überreicht wurde.

2019 brachte Quintal da Xika die erste Single auf digitalen Plattformen mit dem Titel XIKA QUE TE QUERO XIKA (komponiert von Thiago de Xangô und Léo Lopes) in Brasilien und Afrika für Angola und Mosambik heraus.

Im Oktober 2019 erhielt Dona Katia @donakatia1 den PLACA DE JUBILO, eine der 4 Auszeichnungen des Staates São Paulo für die Arbeit zugunsten von Kultur und Samba, zusammen mit dem Dokumentarfilm „UM DIA DE QUINTAL“, geschrieben und geschrieben von Vitão Ferreira , Sohn von Dona Katia und Schöpferin, Kuratorin und Produzentin von Quintal da XIKA.

Im Jahr 2020 ging ein weiterer Traum in Erfüllung, Cordão Quintal da XIKA ging auf die Straße, um Karneval zu spielen.

2021 veröffentlichten sie den Song AXÉ DE VOVÓ (Thiago de Xangô / Maurício Rocha Jr.) auf allen digitalen Plattformen.

Im Juni 2021 veröffentlichte er zusätzlich zu seiner 1. Quintal da XIKA Kulturshow am 21. Juli den urheberrechtlich geschützten Inhalt Quintal da XIKA Show Livre (live) auf dem Quintal da XIKA-Kanal auf YouTube.

Der Hauptgrund für die Aufnahme der Kulturinitiative "QUINTAL DA XIKA" in dieses Buch ist, dass ich mehr als jeder andere weiß, dass es im Laufe der Jahre sicherlich DER BERÜHMTESTE HINTERHOF DER WELT sein wird, der Afro-Nachkommen auf der ganzen Welt beschäftigt und kreiert starke Verbindungen zum afrikanischen Kontinent im Allgemeinen.

Was die afrikanische Welt lernen muss und wir haben bereits begonnen zu lernen, ist ARBEITEN IN GRUPPEN. Die Afrikanische Union hat uns großartige Beispiele gegeben, wie Sie auf den Seiten dieses Buches sehen können.

Alles, was geboren wird, wird notwendigerweise klein geboren und wächst mit dem Engagement der Menschen für das Projekt. Sowie "Nollywood", das, wie wir gesehen haben, in NIGERIAN BACKYARDS begann und derzeit in einigen Zahlen sogar das mächtige Hollywood übertrifft, weil es ein Publikum erreicht, das Hollywood nicht erreicht.

Im Allgemeinen müssen wir NEUE UND WICHTIGE RÄUME schaffen und die UNMÖGLICHSTEN VERBINDUNGEN herstellen.

Die berühmten Bronzen sind in mehreren deutschen Museen zu finden.

Deutschland will 2022 "Bronzen aus Benin" nach Nigeria zurückgeben

Deutsche Kultur- und Politikführer haben sich darauf geeinigt, im nächsten Jahr Artefakte nach Nigeria zurückzugeben. Die Kunstwerke wurden im 19. Jahrhundert gestohlen und sind heute in verschiedenen Museen in Deutschland ausgestellt.

Im Jahr 2022 plant Deutschland, alte und geraubte Artefakte, besser bekannt als "Bronzen aus Benin", nach Nigeria zurückzugeben, nachdem sich Museumsexperten und Politiker am Donnerstag (29.04.) endlich geeinigt haben.
Die meisten Artefakte wurden 1897 von britischen Truppen während einer Militärexpedition in das heutige Nigeria geplündert. Die Metallplatten und Skulpturen aus dem 16. bis 18. Jahrhundert, die den königlichen Palast des Königreichs Benin schmückten, gehören zu den hoch angesehenen afrikanischen Kunstwerken.
Sie sind derzeit auf mehrere europäische Museen verteilt. Das Ethnologische Museum in Berlin beispielsweise besitzt rund 530 Artefakte aus dem Königreich Benin, darunter rund 440 Bronzen.
Als nächster Schritt soll nun eine Roadmap für die Rückführung der Werke in das Herkunftsland erarbeitet werden, die in den kommenden Monaten abgeschlossen werden soll.

ein historisches Wahrzeichen
Die deutsche Kulturministerin Monika Grütters bezeichnete heute die am Donnerstag (29.04) vereinbarte gemeinsame Erklärung zur künftigen Führung der "Bronzes do Benin" in deutschen Museen als "historischen Meilenstein" in der "historischen und moralischen Verantwortung, die Deutschlands koloniale Vergangenheit beleuchten und aufarbeiten."

Die Behandlung der Bronzen werde "ein Test sein", fügte Grütters hinzu und sei "glücklich und dankbar", dass deutsche Museumsleiter, regionale Kulturleiter und Vertreter des Auswärtigen Amtes zustimmten, "in Deutschland eine einvernehmliche Position zu entwickeln" eine gemeinsame Verständigung mit der nigerianischen Seite zu erreichen".
Ziel dieser Vereinbarung sei "grösstmögliche Transparenz" und vor allem eine substanzielle Restitution. "Wir wollen damit zur Verständigung und Versöhnung mit den Nachfahren der Menschen beitragen, die in der Kolonialzeit ihre Kulturschätze geplündert sahen", sagte der Minister.
Auch Bundesaußenminister Heiko Maas bezeichnete das Abkommen als "einen Wendepunkt in der Auseinandersetzung mit der Kolonialgeschichte" des Landes. Das Thema der musealen Zusammenarbeit mit Afrika sei auf die politische Agenda Deutschlands gerückt, das den Dialog mit seinen nigerianischen Partnern suche.

Die „gestohlenen“ Schätze aus Afrika, die in Museen in Europa und den USA landeten

• Ashley Lime
• Von BBC News Africa in Nairobi
25. November 2018

Statuen afrikanischer Königreiche, Hochzeitskostüme, Steinskulpturen... Gegenstände, die die Kultur und Geschichte der afrikanischen Völker darstellen, sind in britischen und amerikanischen Museen verstreut.

Während der Kolonialzeit in Afrika wurden Tausende von kulturellen Artefakten von Europäern vom Kontinent genommen. Nun wollen die afrikanischen Länder die Rückgabe dieser Güter von enormem künstlerischem und historischem Wert.
BBC News listet einige dieser Stücke unten auf.

Benin-Bronzen
Plakette, die die Sammlung der Bronzen von Benin . integriert
Einige Benin-Artefakte wurden ab 2014 nach Nigeria zurückgegeben

Benin-Bronzen sind zarte Schnitzereien und Plaketten, die den königlichen Palast von Ovonramwen Nogbaisi, dem Oba des Königreichs Benin (gleichbedeutend mit einem König), schmückten. Das Gebiet, das heute Nigeria ist, wurde während der Kolonialzeit dem Vereinigten Königreich einverleibt.

Die Stücke wurden aus Zink, Elfenbein, Keramik und Holz gefertigt. Einige von ihnen wurden zu Ehren der Vorfahren der Könige und Königinnen der Vergangenheit angefertigt.

1897 starteten die Briten als Reaktion auf einen Angriff auf eine diplomatische Expedition eine "Strafexpedition" gegen Benin.

Neben den Skulpturen wurden dort zahlreiche andere reale Gegenstände gewaltsam entfernt und über die ganze Welt verstreut.

Nach Angaben des British Museum in London wurden mehrere Objekte

Benins 1898 vom Ministerium für auswärtige Angelegenheiten und der Marine an die Institution übergeben.

Im Oktober vereinbarten große europäische Museen, einige der wertvollsten Objekte nach Nigeria zurückzusenden. Sie bleiben im Royal Museum, das 2021 in dem afrikanischen Land eröffnet werden soll.

Ausgestopfte Löwen sind im Chicago Museum. Die kenianische Regierung fordert ihre Rückführung ins Land

Dies waren die beiden Löwen aus Tsavo in der kenianischen Region Ostafrika, die Ende des 19. Jahrhunderts Arbeiter beim Bau einer Eisenbahn zwischen Kenia und Uganda töteten und aßen.

Es dauerte neun Monate, um die Linie zwischen Mombasa und dem Viktoriasee fertigzustellen. Die beiden Tiere wurden schließlich vom britischen Ingenieur John Patterson erschossen.

Die Löwen wurden 1925 vom Field Museum of Natural History in der amerikanischen Stadt Chicago ausgestopft und von Patterson gekauft und als Teil der ständigen Sammlung dieses Museums katalogisiert.

Patterson erschoss zwei Löwen, die Arbeiter beim Bau einer Eisenbahn in Afrika verschlungen hatten

Patterson sagte damals, dass der grassierende Hunger der beiden Löwen zum Tod von 135 Arbeitern und Afrikanern in der Region geführt habe, aber das Field Museum sagte, dass weitere Forschungen von Wissenschaftlern diese Schätzung dramatisch auf 35 reduziert hätten.

Das Nationalmuseum von Kenia will die Kuscheltiere zurück in das afrikanische Land.

Der in Ägypten gefundene Rosetta-Stein war für Gelehrte unerlässlich, um die Bedeutung von Hieroglyphen zu entschlüsseln

Der 1,12 Meter hohe Rosetta Stone, der sich im British Museum in London befindet, stammt ursprünglich aus Ägypten. Es ist ein Fragment von Grandiorit-Gestein. Der darin eingebettete Text half den Forschern, altägyptische Hieroglyphen zu verstehen – eine Schriftform, die Zahlen und Symbole verwendet.

Der Felsen enthält drei Säulen der gleichen Inschrift in drei Sprachen: Griechisch, Hieroglyphe und Ägyptisch Demotisch. Der Text stammt aus einem Dekret von Klerikern aus dem Jahr 196 v. Chr., während der Herrschaft des Pharaos Ptolemaios V.

Es ist nicht klar, wie der Felsen im Juli 1799 entdeckt wurde, aber es wird allgemein angenommen, dass er von Soldaten gefunden wurde, die Teil der Armee von Napoleon Bonaparte waren, als sie eine Festung in der Nähe der Stadt Raschi - auch bekannt als Rosetta - auf dem Flussdelta.

Als Napoleon besiegt wurde, nahmen die Briten den Felsen im Rahmen des Vertrages von Alexandria 1801 in Besitz. Er wurde dann nach England transportiert und erreichte im Februar 1802 die Hafenstadt Portsmouth. König George III. bot den Felsen einige Monate später dem British Museum an.

Die 81 Zentimeter große Holzskulptur Queen of Bangwa repräsentiert die Kraft und Gesundheit des Bangwa-Volkes der Region Kamerun.
Die 81 Zentimeter große Holzskulptur Queen of Bangwa repräsentiert die Kraft und Gesundheit des Bangwa-Volkes der Region Kamerun.
Es ist eines der berühmtesten Stücke afrikanischer Kunst der Welt und hat für die kamerunische Bevölkerung eine heilige Bedeutung.
Auf dem Territorium von Bangwa, dem heutigen Lebialem, einem südwestlichen Bezirk Kameruns, wurden Skulpturen von königlichen Frauen und Prinzessinnen als Königin von Bangwa bezeichnet.
Die Königin von Bangwa wurde 1899 vom deutschen Kolonialverwalter Gustav Conrau geschenkt oder beschlagnahmt, bevor das Territorium Kameruns offiziell kolonisiert wurde.
Das Stück landete im Museum für Völkerkunde in Berlin und wurde später 1923 von einem Sammler gekauft. Der New York Times zufolge kaufte der Sammler Harry A. Franklin die Skulptur dann 1966 für 29.000 US-Dollar. Nach seinem Tod wurde das Stück bei Sotheby's in London für 3,4 Millionen Dollar versteigert.
Der surrealistische Maler Man Ray fügte 1937 die Bangwa-Königin in ein Gemälde eines Aktmodells ein, das schließlich zu einem der berühmtesten Kunstwerke der Welt werden sollte.
Derzeit gehört die Skulptur der Dapper Foundation in Paris. Das Stück wurde bis 2017 im Dapper Museum ausgestellt, als die Galerie, die sich

auf afrikanische Kunst konzentrierte, aufgrund mangelnder Öffentlichkeit und hoher Wartungskosten geschlossen wurde.
Traditionelle Bangwa-Führer haben mit der Stiftung korrespondiert, um die Rückkehr des Stücks nach Kamerun zu fordern. Der senegalesische Ökonom Felwine Sarr und die französische Historikerin Bénédicte Savoy, die einen vom französischen Präsidenten Emmanuel Macron in Auftrag gegebenen Bericht über ausländische Kunst verfassten, empfahlen, die französische Gesetzgebung zu ändern, um afrikanischen Kunstwerken die Rückkehr in ihr Herkunftsland zu ermöglichen.

Diese Krone wird für den Detailreichtum und die an den Seiten geschnitzten religiösen Bilder bewundert
Zu den Schätzen von Magdala gehören eine goldene Krone aus dem 18.
Historiker sagen, dass 15 Elefanten und 200 Maultiere benötigt wurden, um alles zu tragen, was die Briten Kaiser Tewodros II.
Damals entließen die Briten Magdala aus Protest gegen die Verhaftung ihres Konsuls, als sich die Beziehungen zwischen dem Kaiser und dem Vereinigten Königreich verschlechterten.
Ein Teil dieser Schätze blieb im Victoria and Albert Museum in London.

Diese Hochzeitskleidung aus dem Jahr 1860 gehörte Königin Woyzaro Terunesh

Die Krone und die Hochzeitskleidung sind wichtige Symbole der äthiopisch-orthodoxen Kirche. Forscher glauben, dass die Krone 1740 von Kaiserin Mentewab und ihrem Sohn, König Iyyasu, in Auftrag gegeben und zusammen mit einem goldenen Kelch einer Kirche in Gondar geschenkt wurde.

Das Hochzeitskleid gehörte Königin Woyzaro Terunesh, Ehefrau von Kaiser Tewodros II. 2007 forderte Äthiopien formell die Rückgabe dieser Teile. Im April dieses Jahres boten Victoria und Albert die Rückkehr nach Äthiopien auf Leihbasis an.

SOAPSTONE BIRDS ON PEDESTALS. ZIMBABWE

Simbabwe-Vogel

Adlerförmige Specksteinskulpturen repräsentieren das nationale Emblem von Simbabwe

Specksteinskulpturen in Form eines Adlers repräsentieren das nationale Emblem Simbabwes. Mehrere von ihnen wurden aus den Ruinen einer antiken Stadt gestohlen. Nur acht geschnitzte Vögel wurden geborgen.

Sie standen auf den Mauern und Monolithen einer Stadt, die zwischen dem 12. und 15. Jahrhundert von den Vorfahren des Shona-Volkes erbaut wurde. Sieben dieser Skulpturen befinden sich seit 2003 in Simbabwe, als eine von ihnen von Deutschland zurückgegeben wurde.

Das Stück gelangte in die Hände eines deutschen Missionars, der es 1907 an das Ethnologische Museum in Berlin verkaufte.

Nach dem Einmarsch sowjetischer Truppen in Deutschland am Ende des Zweiten Weltkriegs wurde es von Berlin nach Leningrad (heute St. Petersburg) in der Sowjetunion verlegt, wo es bis zum Ende des Kalten Krieges blieb, als es nach Deutschland zurückkehrte.

Die achte Adlerskulptur befindet sich im ehemaligen Schlafzimmer des britischen Imperialisten Cecil Rhodes aus dem 19. Jahrhundert, dessen Haus in Kapstadt, Südafrika, in ein Museum umgewandelt wurde.

Er hatte 1906 Adlerstatuen aus Simbabwe nach Südafrika gebracht. Vier von ihnen gibt Südafrika 1981, ein Jahr nach der Unabhängigkeit des Landes, nach Simbabwe zurück.

African Culture THE RETURN

THE CAKE back

DER KUCHEN KOMMT ZURÜCK.
DER KUCHEN BEGANN BEREITS ZURÜCKKOMMEN.

Seit den 1970er Jahren hat sich Chapungu durch die Förderung der simbabwischen Steinskulptur und den Ruf und die Karriere vieler Künstler hervorgetan und die Kunstform kritisch

AFRIKANISCHE KÜNSTLER
SIE WERDEN MIT TALENT GEBOREN.

ES GIBT VIEL KUNST IN AFRIKA FÜR
EUROPÄISCHE UND
NORDAMERIKANER ZU KAUFEN.

Gründer Roy Guthrie
und Marcey Mushore

Als ich im Oktober 2011 in Simbabwe ankam, nachdem ich im Vormonat in Luanda zum ersten Mal afrikanischen Boden betreten hatte, wobei mein gesamter Aufenthalt vom Ministerium für Tourismus von Simbabwe gesponsert wurde, um über die Neuigkeiten des Tourismus zu berichten Messe des Landes Simbabwe, genannt Sanganai Hlanganani, wusste, dass ich, selbst um über eine Tourismusmesse zu berichten, nicht in Simbabwe war, um Tourismus zu machen. Wenn ja, müsste ich meine Ausgaben bezahlen. Im Jahr 2011 tat ich, was ich konnte, um zu den damaligen Bedingungen zu werben. Wenn ich über den Chapungu Park rede, ist das so, als würde ich weiterhin meine Schulden bei der Regierung von Simbabwe bezahlen.

Wie Sie auf den vorherigen Seiten lesen können, gab es in der Kolonialzeit und nach der Berliner Konferenz viele Irrtümer, Raubüberfälle und Plünderungen durch „edle“ Personen, die Sie im Buch „AFRICAN CULTURE – THE RÜCKKEHR - Der Kuchen des Rückens (Buchcover auf Seite 97).

In diesem Buch spreche ich viel über REPARATUR. In einem Gespräch, das ich in Luanda mit einem guten deutschen Freund hatte, sprachen wir genau darüber. Ihm zufolge müsste diese Art der Wiedergutmachung von den Regierungen und nicht vom Volk geleistet werden. Aus meiner Sicht

muss es von beiden gemacht werden. Jeder von uns, ich mit meiner europäischen Seite, übernimmt diese Schuld. Während meine afrikanische Seite sich organisiert, um die gleichen Schulden einzutreiben. Sehen Sie, wie schön. Eine Seite von mir will zahlen und die andere weiß, dass sie berechtigt ist zu empfangen.

In Brasilien gibt es einen Satz, der so lautet: "Niemand will der Vater eines hässlichen Kindes sein."

Ganz einfach und

pragmatisch trage ich meinen Teil dazu bei, wenn ich eine Arbeit im Chapungu Park kaufe. Indem ich Chapungu in Büchern, im Internet, in Filmen und Videos bewirb, trage ich auch meinen Teil dazu bei. Anstatt mich selbst zu verleugnen oder auszuschließen, ist es für mich viel ehrenwerter, unzählige Möglichkeiten zu studieren, wie ich meinen Anteil an den Schulden bezahlen kann.
Es ist offensichtlich, dass unsere Generation nicht an den Barbareien unserer Vorfahren teilnahm. Aber da wir diese ganze Monstrosität geerbt haben, warum nicht bezahlen. Warum nicht zurückgeben, was uns nie gehörte. Zu sagen, dass wir afrikanische Werke nehmen, um sie vor der Barbarei zu schützen, wie wir in Brasilien sagen, ist "CONVERSA PARA BOI DORMIR".

Die Afrika-Sammlung endet mit dem 12. Buch. Es sind noch 2 übrig, Buch 11 und Buch 12. Aber es wird mit einem anderen Namen fortgesetzt, der bekannt gegeben wird, sobald die 60 Bücher der Sammlung richtig auf dem Markt sind und Schülern, Lehrern, Geschäftsleuten, Schulbesitzern und Direktoren zur Verfügung stehen , Aktivisten.
Zu keiner Zeit und in keinem der Bücher der frica Collection bezeichne ich mich als Besitzer der Wahrheit. Ich lege einfach meine Standpunkte sehr direkt dar und ohne Angst vor dem Glücklichsein.
Die neuen Generationen müssen diese begonnene Bewegung im Lichte des Friedens und des Verständnisses fortsetzen. Das Urteil ist bereits gefallen und die Schuldigen müssen sich den Märtyrern anschließen, Händchen halten und gemeinsam die Ordnung der Dinge ändern.
Eine moderne Menschheit kann mit regelrechten Ozeanen der Ungleichheit nicht viel weiter gehen. Sie bis zu dem Punkt zu reduzieren, an dem wir ihr vollständiges Aussterben erreichen, ist ein initiierter Traum, der fortgesetzt werden muss.
Wenn mich einige aufmerksame Leser fragen, ob ich keine Angst habe zu schreiben, was ich schreibe und wie ich schreibe, antworte ich ihnen ganz im Gegenteil, ICH HABE WAHREN GEISTLICHEN FRIEDEN UND EIN PFLICHTENGEFÜHL ERFÜLLT.

GROSSER RESPEKT GEGEN AFRIKA.
EIN NOCH MEHR RESPEKT FÜR DIE AFRIKANISCHEN MENSCHEN.

Dies muss unser Ausgangspunkt sein. Was wir sehr deutlich sehen, ist, dass wir zu Sklaven des Geldes geworden sind. SKLAVEN DES FINANZKAPITALS. Und um dieses verdammte Geld in viel größeren Mengen zu haben, als ich und meine zukünftigen Generationen brauchen werden, ist absolut alles möglich. Die Wahrheit ist, es lohnt sich nicht.

Die Vorwegnahme der Verwirklichung der AGENDA 2063 der Afrikanischen Union musste eine INTERNATIONALE Priorität sein.

Wenn wir uns nicht in die Quere kommen, helfen wir schon viel.

Ich mag ein legitimer Afro-Nachfahre sein, aber wenn mein Leben darin besteht, eine der Villen in Beverly Hills zu besetzen und so zu tun, als wäre die Welt eine totale Oase, kann ich mich nie als Afrikaner bezeichnen, während Millionen an Hunger und durch Hunger verursachten Krankheiten sterben ein einziges Jahr.

INTERNATIONAL MEDIA
SANGANAI - HLANGANANI
10 - 12 OCTOBER
INTERNATIONAL MEDIA
WORLD TRAVEL & TOURISM AFRICA

AFRIKANISCHE KUNST
DER SPIEGEL,
DER REFLEKTIERT
DIE SEELE EINES MENSCHEN!

BLUFF HILL
EVENT PLANNERS
ZIMBABWE WOMEN IN
TRUST
TOURISM

STUDIERENDE MOTIVATION

UND UNIVERSITÄTSEXZELLENZ

Flávio Januário

DIE WICHTIGE MENSCHLICHE HAUPTSTADT AFRIKAS.

Jedes Mal, wenn wir uns vermehren, liegt es daran, dass wir auf dem richtigen Weg sind. Als wir von dem angolanischen Autor Flávio Januário angesprochen wurden, um seinem Werk eine internationale Sichtbarkeit zu verleihen, war es für uns bei Editora

Educasat World eine unermessliche Freude. Er ist ein echt afrikanischer Autor, geboren in Angola, der zahlreiche Herausforderungen gemeistert hat, um dorthin zu gelangen, wo er ist. Jeder, der die Möglichkeit hat, dieses Werk des angolanischen Schriftstellers Flávio Januário zu erwerben und zu lesen, wird eine sehr große Reihe von Wissen visualisieren können, das von Afrika an Afrikaner und Völker auf der ganzen Welt weitergegeben wird. Nach Flávio werden andere und andere und andere kommen... Mit dieser Multiplikation werden wir in der Lage sein, die STIMMEN

VON AFRIKA zu verstärken, ähnlich dem Titel dieses Buches "WAS, WENN AFRIKA SPRECHEN KÖNNTE." Es gibt unzählige Möglichkeiten, die Stimmen Afrikas zu verstärken. Es braucht jedoch uns Afrikaner und Afro-Nachkommen, um diese großartige und mühsame Arbeit zu beginnen. Stunden und Stunden Schlaf müssen durch Stunden und Stunden Arbeit ersetzt werden. Neben diesem Buch hat der Professor und Schriftsteller Flávio Januário einen sehr starken Job gemacht:

THEMA: Beschreibung und Analyse.
zur demokratischen Regierungsführung in Afrika
„Sonderfall Republik Ruanda"

Auf den nächsten Seiten werden wir Auszüge aus dem Werk des angolanischen Professors und Schriftstellers Flávio Januário aufnehmen, das ich "REFLEXIVE DEMOKRATIE" nennen könnte.

ALLGEMEINE CHARAKTERISIERUNG DES LANDES

Die politische Geographie Ruandas ist eng mit dem in dieser Region verwendeten Demokratiemodell verbunden. So weist Ruanda neben seiner Regierung aufgrund der Besonderheiten, die die Regierung aufweist, Merkmale von Mehrheitsdemokratien auf:

- Konzentration der Exekutivgewalt in einer einzigen Partei und mit kleiner Mehrheit;
- Vorherrschaft der Exekutive;
- Überparteiliches Parteiensystem;
- Mehrheitswahlsystem;
- Pluralismus von Interessengruppen;
- Einheitsregierung;
- Von der Exekutive kontrollierte Zentralbank;
- Verfassungsrechtliche Flexibilität.

Der Präsident von Ruanda ist das Staatsoberhaupt und verfügt über weitreichende Befugnisse, darunter die Gestaltung der öffentlichen Politik in Verbindung mit dem Ministerkabinett, das Vorrecht der Barmherzigkeit, das Kommando über die Streitkräfte, die Aushandlung und Ratifizierung von Verträgen nach ihrem Abschluss und Unterschrift, Anordnungen des Präsidenten und kann sogar den Krieg oder den Ausnahmezustand erklären. Der Präsident wird alle sieben Jahre vom Volk gewählt und ernennt den Premierminister und alle anderen Mitglieder des Kabinetts. Der derzeitige Präsident ist Paul Kagame, der sein Amt nach dem Rücktritt seines Vorgängers Pasteur Bizimungu im Jahr 2000 antrat. Kagame gewann später die Wahlen in den Jahren 2003 und 2010, obwohl Menschenrechtsorganisationen diese Wahlen als "von zunehmender politischer Repression und Einschränkung der Freiheit gekennzeichnet" kritisiert haben des Ausdrucks".

Die jetzige Verfassung wurde nach einem nationalen Referendum im Jahr 2003 angenommen und ersetzt die seit 1994 geltende Übergangsverfassung. Die Verfassung sieht ein Mehrparteiensystem mit einer Politik der Demokratie und der Wahl der Repräsentanten durch Wahlen vor. Die Verfassung legt jedoch Bedingungen für die Funktionsweise politischer Parteien fest. Artikel 54 besagt, dass "politische Organisationen aufgrund von Rasse, ethnischer Zugehörigkeit, Stamm, Clan, Region, Geschlecht, Religion oder einer anderen Spaltung, die zu Diskriminierung führen könnte, verboten sind". Die Regierung hat auch Gesetze verabschiedet, die die Ideologie des Völkermords kriminalisieren, darunter Einschüchterungshandlungen, diffamierende Reden, Leugnung von Völkermord und

Verspottung von Opfern. Laut Human Rights Watch machen diese Gesetze Ruanda effektiv zu einem Einparteienstaat, "unter dem Vorwand, einen weiteren Völkermord zu verhindern, zeigt die Regierung eine deutliche Intoleranz gegenüber den grundlegendsten Formen des Widerspruchs". Amnesty International ist ebenfalls kritisch und sagt, dass Gesetze zur Völkermord-Ideologie verwendet wurden, um Schweigen zu erzwingen, Kritik an den Entscheidungen der RPF-Partei zum Schweigen zu bringen und Gerechtigkeit für die von dieser Gruppe begangenen Kriegsverbrechen zu fordern.
Das Parlament besteht aus zwei Kammern. Er macht die Gesetze und ist durch die Verfassung ermächtigt, die Aktivitäten des Präsidenten und seines Kabinetts zu überwachen. Das Unterhaus ist die Abgeordnetenkammer mit achtzig Mitgliedern, die fünf Jahre im Amt sind. 24 dieser Sitze sind Frauen vorbehalten, die von einer gemeinsamen Versammlung lokaler Regierungsbeamter gewählt werden; weitere drei Sitze sind jungen Mitgliedern und Menschen mit Behinderungen vorbehalten, die anderen 53 werden in allgemeiner Wahl nach dem Verhältniswahlrecht gewählt. Nach den Wahlen 2008 gibt es 45 weibliche Abgeordnete, damit ist Ruanda das einzige Land mit einer weiblichen Mehrheit im nationalen Parlament. Die oberste Kammer ist der Senat mit 26 Sitzen. Seine Mitglieder werden von verschiedenen Gremien gewählt und haben eine Amtszeit von acht Jahren. Die obligatorische Mindestanzahl von Senatoren beträgt 30 %.

Das Rechtssystem Ruandas basiert weitgehend auf dem deutschen und belgischen Zivilrecht und Gewohnheitsrecht. Die Judikative ist von der Exekutive unabhängig, obwohl Präsident und Senat an der Ernennung der Richter des Obersten Gerichtshofs beteiligt sind. Human Rights Watch lobte die ruandische Regierung für die Fortschritte bei der Rechtsprechung, einschließlich der Abschaffung der Todesstrafe, wies aber auch auf die Einmischung von Regierungsmitgliedern in das Justizsystem wie die Ernennung politisch motivierter Richter, den Missbrauch der Staatsanwaltschaft hin , Macht und Druck auf Richter, private Entscheidungen zu treffen. Die Verfassung sieht zwei Arten von Gerichten vor: gemeinsame und spezialisierte Gerichte. Gemeinsame Gerichte sind der Oberste Gerichtshof, der Oberste Gerichtshof und die regionalen Gerichte, während die spezialisierten Gerichte die Militärgerichte und die traditionellen Gacaca-Gerichte sind, die wiederbelebt wurden, um die Verfahren gegen Völkermordverdächtige zu rationalisieren.

Ruanda weist im Vergleich zu den meisten anderen afrikanischen Ländern ein niedriges Korruptionsniveau auf. 2010 rangierte Ruanda von Transparency International unter 47 Ländern in Subsahara-Afrika auf Platz 8 der saubersten und unter 178 Ländern weltweit auf Platz 66 mit der geringsten Korruption. Die Verfassung sieht einen Ombudsmann vor, zu dessen Aufgaben die Prävention und

Bekämpfung von Korruption gehört. Beamte (einschließlich des Präsidenten) sind laut Verfassung verpflichtet, dem Ombudsmann und der Öffentlichkeit ihr Vermögen zu deklarieren, diejenigen, die sich nicht daran halten, werden vom Amt suspendiert. Die ruandische Patriotische Front (FPR) ist seit 1994 die dominierende politische Partei des Landes. Die FPR hat bei nationalen Wahlen die Kontrolle über Präsidentschaft und Parlament behalten, mit einem Stimmenanteil für die Partei im Bereich von 70 % der Gesamtzahl . Die FPR wird als eine von Tutsi dominierte Partei angesehen, erhält aber Unterstützung aus dem ganzen Land und wird ihr zugeschrieben, für anhaltenden Frieden, Stabilität und Wirtschaftswachstum zu sorgen. Menschenrechtsorganisationen, darunter Amnesty International und Freedom House, behaupten, dass die Regierung die Freiheiten von Oppositionsgruppen unterdrückt, indem sie Kandidaten bei Wahlen für Parteien, die der Situation angepasst sind, einschränkt, Demonstrationen unterdrückt und Oppositionsführer und Journalisten festnimmt.

Ruanda ist Mitglied der Vereinten Nationen, der Afrikanischen Union, der Frankophonie, der Ostafrikanischen Gemeinschaft und des Commonwealth of Nations. Während des Habyarimana-Regimes unterhielt das Land viele Jahre enge Beziehungen zu Frankreich sowie zu Belgien, der ehemaligen Kolonialmacht. Unter der Herrschaft der Ruanda Patriotic Front hat das Land jedoch versucht, die Beziehungen zu den ostafrikanischen Nachbarstaaten und der englischsprachigen Welt zu stärken. Die diplomatischen Beziehungen zu Frankreich wurden zwischen 2006 und 2010 eingestellt, nachdem ein französischer Richter die ruandischen Behörden angeklagt hatte. Die Beziehungen zur Demokratischen Republik Kongo (DRK) waren angespannt, nachdem Ruanda in den Ersten und Zweiten Kongokrieg verwickelt war von Nord- und Süd-Kivu.Ruandas Beziehung zu Uganda wurde auch während eines Großteils der 2000er Jahre nach einem Zusammenstoß zwischen den Armeen der beiden Länder im Jahr 1999 angespannt, als sie sich im Zweiten Kongokrieg vor den gegnerischen Rebellengruppen zurückzogen. Ab 2012 werden die Beziehungen zu Uganda und der Demokratischen Republik Kongo verbessert.

UNABHÄNGIGKEIT DER REPUBLIK RUANDA

Brüssel gewährte Ruanda innere Autonomie, schaffte die Tutsi-Monarchie ab und bildete eine Übergangsregierung unter der Führung des Parmehutu-Führers Grégoire Kayibanda. In einem Klima des Bürgerkriegs fanden 1961 Wahlen statt, bei denen die Republik gewählt wurde Regierung. Dem Antrag wurde stattgegeben, aber das neue unabhängige afrikanische Land erlebte ab den 1960er Jahren einen der größten Völkermorde des 20. Jahrhunderts.

Im Gegensatz zu seinen Nachbarn war Ruanda ein zentralisiertes Königreich, sein Territorium wurde offiziell auf der Berliner Konferenz (1885) festgelegt und erst 1890 auf einer Konferenz in Brüssel im Austausch für Uganda an das Deutsche Reich

(zusammen mit dem benachbarten Burundi) übergeben und die Insel Helgoland. Die Grenzen dieser Kolonie – zu der damals auch einige kleine Königreiche am Ufer des Viktoriasees gehörten – wurden jedoch erst 1900 festgelegt.
Nach der Niederlage Deutschlands im Ersten Weltkrieg wurde das Anwesen im Auftrag des Völkerbundes an Belgien übergeben. Die belgische Herrschaft war direkt und hart wie die der Deutschen und manipulierte mit Hilfe der katholischen Kirche die Tutsi-Oberschicht, um den Rest der Bevölkerung - hauptsächlich Hutus und andere Tutsi - zu integrieren, einschließlich Steuererhebung und Zwangsarbeit, die bereits von Deutschland übernommen wurden und zu einer bereits bestehenden großen sozialen Kluft beizutragen.
Nach dem Zweiten Weltkrieg wurde Ruanda erneut ein Protektorat der Vereinten Nationen mit Belgien als Verwaltungsbehörde. Durch eine Reihe von Prozessen, darunter mehrere Reformen, die Ermordung von König Mutara III , 1962 waren die Hutus die dominierenden Politiker. Am 25. September 1960 organisierte die UNO ein Referendum, in dem die Ruander beschlossen, eine Republik zu werden. Nach den ersten Wahlen wurde die Republik Ruanda mit Grégoire Kayibanda als Premierminister ausgerufen.
Nach mehreren Jahren der Instabilität, in denen die Regierung mehrere Repressionsmaßnahmen gegen die Tutsi ergriff, entließ Generalmajor Juvénal Habyarimana, der Verteidigungsminister war, am 5. Juli 1973 seinen Cousin Grégoire Kayibanda, löste die Nationalversammlung auf und schaffte alle politischen Aktivitäten. Im Dezember 1978 wurden Wahlen organisiert, bei denen eine neue Verfassung angenommen und Habyarimana als Präsident bestätigt wurde, der 1983 und 1988 als einziger Kandidat wiedergewählt wurde, als Reaktion auf den öffentlichen Druck auf politische Reformen, kündigte Habyarimana im Juli 1990 an, Absicht, Ruanda in eine Mehrparteiendemokratie zu verwandeln.
Im selben Jahr führten jedoch eine Reihe klimatischer und wirtschaftlicher Probleme zu internen Konflikten, und die von Tutsis-Flüchtlingen in den Nachbarländern dominierte Ruanda-Patriotische Front (RPF) startete militärische Angriffe gegen die Hutu-Regierung aus Uganda. Die Militärregierung von Juvénal Habyarimana reagierte mit Völkermordprogrammen gegen Tutsis. 1992 wurde in Arusha, Tansania, ein Waffenstillstand zwischen der Regierung und der RPF unterzeichnet.
Am 6. April 1994 wurden Juvénal Habyarimana und Cyprien Ntaryamira, der Präsident von Burundi, ermordet, als ihr Flugzeug bei der Landung in Kigali von einem Feuer getroffen wurde. In den nächsten drei Monaten töteten Militärs und Milizen, die mit dem ehemaligen Regime verbunden waren, rund 800.000 Tutsis und oppositionelle Hutus im sogenannten Völkermord in Ruanda. Allerdings besetzte die RPF unter der Leitung von Paul Kagame verschiedene Landesteile und marschierte am 4. Juli in die Hauptstadt Kigali ein, während französische Friedenstruppen während der „Opération Turquoise“ den Südwesten besetzten. Es wird noch daran gearbeitet, die Verantwortlichen für das Massaker in Ruanda vor Gericht zu stellen.

Bis 2001 wurden dreitausend Menschen vor Gericht gestellt und fünfhundert von ihnen erhielten Höchststrafen.
Mit dem Tod von Juvénal Habyarimana wurde Pasteur Bizimungu Präsident und Paul Kagame Vizepräsident, doch im Jahr 2000 gerieten die beiden starken Männer in Konflikt. Bizimungu trat als Präsident zurück und Kagame blieb Präsident. 2003 wurde Kagame schließlich ins Amt gewählt, bei den als erste demokratische Wahlen nach dem Völkermord geltenden. Inzwischen haben rund 2 Millionen Hutus in der Demokratischen Republik Kongo Zuflucht gesucht, weil sie Vergeltungsmaßnahmen der Tutsi fürchten. Viele sind zurückgekehrt, aber es gibt immer noch Milizen, die in den Bürgerkrieg des Landes verwickelt sind.
Zwei Filme helfen, das Ausmaß des Konflikts und der internationalen Einmischung während der Entstehung, des Verlaufs und des Endes des Völkermords zu verstehen, der erste ist "Hotel Rwanda", der die Geschichte eines Hoteliers namens Paul Rusesabagina erzählt, der sich der schwierigen Aufgabe stellt seine Tutsi-Familie und seine Freunde vor der Repression der Hutu zu verteidigen, und schließlich beherbergt er mehrere Flüchtlinge aus Elend und Angst in seinem Hotel, das früher von Touristen und Missionaren in der Region genutzt wurde. Die Geschichte basiert auf wahren Begebenheiten. Der zweite Film "Shake the Devil's Hands" ist eine Adaption der Autobiografie von General Romeo Dallaire, dem Kommandeur der kanadischen Streitkräfte und der Friedensmission in Ruanda. Der Film erzählt von Dallaires Reise durch den Völkermord 1994 in Ruanda und wie seine Bitte um mehr Hilfe von den Vereinten Nationen ignoriert wurde. Kurios ist, dass beide Filme den von den Briten unterstützten Versuch der USA hervorheben, die Verbreitung des Begriffs Völkermord zu verhindern, was eine internationale Intervention unter Beteiligung der USA und Großbritanniens erfordern würde. Am 29. November 2009 wurde Ruanda als 54. Mitgliedsstaat des Commonwealth of Nations aufgenommen und war damit der zweite ohne historische Verbindungen zu Großbritannien, der sich der Gruppe anschloss.

RUANDA REGIERUNG

Wie also über Demokratie sprechen, wenn die Mehrheit der Bevölkerung von den politischen Rechten ausgeschlossen war? Denn Frauen, Meteken, Sklaven galten nicht als Bürgerinnen und hatten als solche keinerlei Rechte. Für unser heutiges Empfinden ist die Ausgrenzung einer so großen Zahl von Menschen als „demokratische“ Qualifikation unvereinbar. Aber es ist auch nicht weniger sicher, dass für die Griechen die Systeme, nach denen wir regieren, mit ihren Augen gesehen, obwohl sie Teil der heutigen Welt sind, die wir „liberale Demokratie“ nennen, alles andere als eine Demokratie wären, die näher an Roberts Polyarchie stünde. Dahl.
Die Griechen haben jedoch nicht verstanden, dass wir „Demokratie“ ein System nennen, in dem die größte Beteiligung des Bürgers mit seiner „Polis“ alle 4 oder 5

Jahre bei Wahlen zu Abgeordneten stattfindet. Die Gründe für diese Dissonanz haben offensichtlich mit der enormen zeitlichen Distanz zu tun, die uns trennt, aber auch mit den Eigentümlichkeiten der athenischen Demokratie. Daher ist es neben den tatsächlichen Merkmalen der Demokratie wichtig, Ruanda zu empfehlen, sich angesichts einer stärker akzentuierten Demokratie an die neuen Formen des globalisierten Denkens anzupassen und vor allem die Bedürfnisse und die Befriedigung von den Wünschen der Menschen und als wäre das nicht genug im strategischen Zusammenhang der internationalen Gemeinschaft.

Es ist anzuerkennen, dass Ruanda neben der internen Geopolitik eine sehr einzigartige Eigenschaft hat und seinerseits seine kommerzielle und wirtschaftliche Dynamik auf eine brutale Dimension erweitert hat, was wiederum dazu neigt, die sozialen Bedingungen auf eine gute Weise zu erweitern, gemäß zu Pauls Regierungsstrategien Kagame. Daher ist es unabdingbar, dass sich Ruanda im Rahmen des Globalisierungsprozesses als exzellentes Land mit genauerer Vision und vor allem mit pragmatischen Ideen erwiesen hat. Dies hat zu einer Kommerzialisierung und diplomatischen Verkäufen in demokratischen Fragen der Situation geführt, die Ruanda in der Handelswelt darstellt, die jedoch von den erwachseneren Ländern und den echten Demokratiegelehrten stark kritisiert wird.

Daher muss unbedingt festgestellt werden, dass die von der ruandischen Regierung entwickelte politische Kultur aufgrund der Tatsache, dass ihre Regierung eine rein politische Akzeptanz hat, legitimiert ist, da die Regierung, obwohl sie diktatorisch ist, die Aufstellung von Indikatoren akzeptieren muss, die einen großen Index der politischen Entwicklung und demokratisch, da Dahl die Indikatoren für die Machbarkeit der Demokratie festlegt:

• Vereinigungsfreiheit;
• Freie Meinungsäußerung;
• Wahlfreiheit (universelles Wahlrecht);
• Freiheit, um Unterstützung zu konkurrieren (politische Führer);
• Vielfalt der Informationsquellen;
• Anspruch auf öffentliches Eigentum;
• freie, korrekte und regelmäßige Wahlen;
• Institutionen, die sicherstellen, dass die Regierungspolitik von Stimmen und anderen Ausdrucksformen von Präferenzen abhängt.

Für Ruanda sind diese Prinzipien eng mit der Tatsache des politischen Systems und Regimes verbunden, das von seiner Regierung eingerichtet wurde. Es ist jedoch interessant, dass sie allmählich beginnt, bedeutende Schritte in Richtung eines sozialen Wandels durch eine akzentuierte Demokratie zu unternehmen, die den Völkern zugute kommt.

Zu diesem Zweck hat Ruanda heute eine tiefere Akzeptanz für seine wirtschaftliche und intellektuelle Entwicklung und die Dimension seiner technologischen

Entwicklung, die im wirtschaftlichen und weltweiten Szenario von Tag zu Tag wächst, und dies ermöglicht es diesem Land, das Niveau der guten Regierungsführung aufrechtzuerhalten und nicht zu vernachlässigen die demokratische Bedingung, dass wir ständig bekräftigt haben, dass sie angesichts der kulturellen Rahmung ihrer historischen Auswirkungen des Völkermords eine tiefgreifende Neuausrichtung hat und verdient.
Daher ist es wichtig festzustellen, dass Ruanda eines der wenigen Länder in Afrika ist, das angesichts der Transparenz, die die Regierung von Paul Kagame eingeführt hat, insbesondere im Hinblick auf eine beschleunigte Korruptionsbekämpfung, einen großen Wettbewerbsvorteil hat.
Wie bereits erwähnt, ist es jedoch wichtig, sich daran zu erinnern, dass „mehr als 40 Jahre nach der Unabhängigkeitswelle von 1960 wir nicht weiterhin die ausschließliche Verantwortung für unser Unglück dem Kolonialismus oder Neokolonialismus der Großmächte, den Weißen, zuschreiben können ausländische Kaufleute, und ich weiß nicht, wer sonst. Wir müssen ein für alle Mal akzeptieren, dass wir die Hauptschuldigen sind. Das Abgleiten in die Gewalt, Nachlässigkeit im Umgang mit dem öffentlichen Gut, groß angelegte Raubüberfälle, die Unfähigkeit, Unterschiede zwischen ethnischen Gruppen und Regionen zu akzeptieren, all dies hat hauptsächlich endogene Ursachen. Es zuzugeben wäre der Beginn des Bewusstseins und damit der Weisheit" Jean-Paul Ngoupande (ehemaliger Premierminister der Zentralafrikanischen Republik).

In Buch 09 der Afrika-Sammlung "WHILE DANCING CULTURALLY" haben wir das Buch RUANDA MANAGEMENT gewidmet. Dieselbe Arbeit, die von Professor und Schriftsteller Flávio Januário sehr gut vorbereitet wurde, wurde in Buch 9 sowie in diesem auf Seite 110 verlinkt, damit Studenten in Afrika und auf der ganzen Welt die Schwierigkeiten, die sie erfahren und überwunden haben, besser einschätzen können Ruanda bei der Durchführung ihrer Analysen und Vermutungen.

Die Studie ist sehr willkommen und er ist eine der führenden Stimmen Afrikas. Sie sind Mehrwegekomplikationen, die nicht ignoriert werden können, wenn man an eine einzige Demokratie für die ganze Welt denkt.

Besonders gefallen mir die Zahlen von MANAGEMENT RWANDA, was mich dazu bringt, immer mehr zu studieren, um maximale Sensibilität für die Anweisungen seiner Gouverneure zu haben.

VERARBEITUNG

Auf diesen beiden Schlussseiten möchte ich hier allen Bekannten und Unbekannten meinen herzlichen Dank aussprechen, die direkt oder indirekt an diesem Inhalt mitgewirkt haben. Wenn es um die VOICE OF AFRICA geht, stehen wir vor einer großen Herausforderung. In unserer Gegenwart können wir eine so schwierige Vergangenheit und all das Leid, das der schwarzen Rasse in Afrika und dem Rest der Welt zugeschrieben wird, nicht ignorieren. Die Zukunft hängt jedoch von unseren Bemühungen und unserer Fähigkeit ab, als Gruppe zu arbeiten.

Ich glaube, wir haben keinen anderen Weg als diesen: INFORMATION UND SCHULUNG. Wenn sie uns saure Zitronen hinterlassen haben, müssen wir leckere Limonaden machen.

Wir müssen hart arbeiten, damit sich die Lebensbedingungen in Afrika und in der gesamten afrikanischen Diaspora mit jeder neuen Generation erheblich verbessern.

Aus meinem Wissen über das Leben außerhalb des afrikanischen Kontinents und seit 2011 auch auf dem afrikanischen Kontinent kann ich kategorisch sagen, dass sich Afrika und die afrikanische Diaspora ergänzen. Wer als Lehrer auf afrikanisches Territorium kommt, sieht schnell, dass es von den Einheimischen viel zu lernen gibt.

Auf der anderen Seite müssen die Eingeborenen bereit sein, das Wissen derer, die hier in Afrika sind, zu trinken. Imitiere sie in allem, was gut ist. Gerade weil Erfolg nie ohne viel Aufwand kommt. Vom Himmel fallen nur Regen und Gewitter.

Schwarze Menschen haben absolut nichts, was anderen Menschen auf dem Planeten unterlegen ist. Wir haben großartige und brillante Köpfe, die bereits mit der harten Arbeit begonnen haben, dieses NEUE AFRIKA aufzubauen.

Meine Verantwortung als Autor ist immens, weshalb ich immer in verschiedenen Quellen recherchiere und mit den Ältesten interagiere, die wahre Wissensbibliotheken sind.

Alle möglichen Mittel, um gute Informationen zu vermitteln, müssen unermüdlich genutzt werden. Die Jüngeren brauchen die Erfahrung der Älteren, die Älteren die Kraft und den Enthusiasmus der Jüngeren.

CPSIA information can be obtained
at www.ICGtesting.com
Printed in the USA
LVRC091953101121
702999LV00004B/18